मिर्ज़ा ग़ालिब

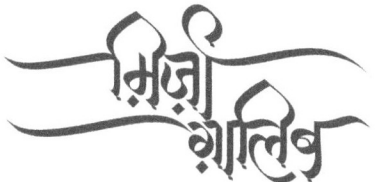

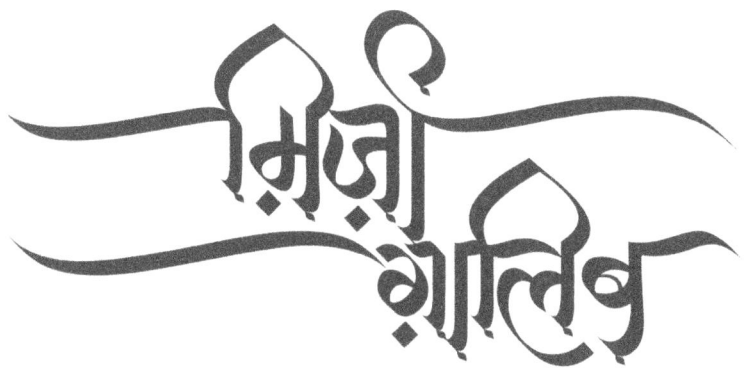

मिर्ज़ा ग़ालिब

एक स्वानही मंज़रनामा

गुलज़ार

रूपा

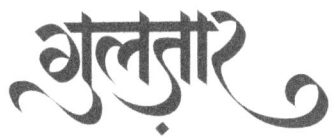

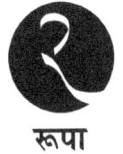

प्रकाशक
रूपा पब्लिकेशन्स् इंडिया प्राइवेट लिमिटेड, 2008
7/16, अंसारी रोड, नई दिल्ली 110002

सेल्स सेन्टर:
इलाहाबाद बैंगलौर चेन्नई
हैदराबाद जयपुर काठमाण्डू
कोलकता मुम्बई

कॉपीराइट©गुलज़ार 2006

प्रथम प्रकाशन 2006
पहली बार पेपरबैक में 2008

सर्वाधिक सुरक्षित
इस प्रकाशन का कोई भी अंश प्रकाशक की पूर्व अनुमति के बिना, न कहीं दोहराया या उद्धृत किया जाए, न किसी कम्प्यूटर आदि यंत्र में भरा जाए और न ही किसी इलेक्ट्रॉनिक, यांत्रिक, फोटोप्रति, रिकार्डिंग या अन्य किसी भी रूप मे प्रेषित या प्रस्तुत किया जाए।

लेखक अपने मौलिक अधिकार का दावा करते हैं।

ISBN: 978-81-291-1411-2

10 9 8 7 6 5 4 3 2

इंतेसाब
मोहतरम ए. एस. तातारी
और
पंडित अरुण कौल

विषय-सूची

सराहत	ix
पेश लफ़्ज़	xi
मुक़दमा	xv
एक	1
दो	19
तीन	35
चार	51
पाँच	67
छ:	79
सात	93
आठ	105
नौ	121
दस	135
ग्यारह	147
बारह	163
तेरह	177
चौदह	193
पंद्रह	207
सोलह	221
सत्रह	233

सराहत

संजोय शेखर, जिसने बड़ी मेहनत से किताब का पहला अंग्रेज़ी तर्जुमा किया।

संजना आर. सी. जिसने बड़े शौक़ से इस किताब की ज़ेबाइश की।

श्री आर. के. मेहरा, जिन्होंने उर्दू और अंग्रेज़ी दोनों ज़बानों में यह किताब छापकर मेरी आरज़ू की तकमील की।

पेश लफ़्ज़

ग़ालिब जितने मक़बूल हैं उतने ही मुश्किल भी हैं। उनमें हाथ डालने से बड़े-बड़ों का पित्तर पानी होता है। हर चंद कि ग़ालिब की पैदाइश को दो सौ बरस से भी ज्यादा हो रहे हैं, लेकिन ग़ालिब की आवामी मक़बूलियत हाल ही की बात है। हाली और बिजनूरी ग़ालिब शनासी के सुतून सही; लेकिन अभी सत्तर-अस्सी बरस पहले तक ग़ालिब की शोहरत फ़क़त ख़्वास तक थी। ग़ालिब की मक़बूलियत को आवास तक पहुँचाने में फ़नूने लतीफ़ा का जो कमाल है अभी इस पर पूरी तरह ग़ौर नहीं किया गया। के एल. सहगल ने कलकत्ता में न्यू थिएटर्स बनाया। उस ज़माने के His Master's Voice के रिकॉड पर एक कुत्ता बैठा बाजा बजाता था। सहगल और बेगम अख़्तर, जो उस वक़्त 'अख़्तरी बाई फ़ैज़ आबादी' के नाम से गाती थीं, उन्होंने ग़ालिब की ग़ज़लों के फ़ैज़ को आम किया। लेकिन ग़ालिब हुंज़ ज़ौक़ और दाग़ के साथ-साथ गाए जाते थे। उस सूरते हाल को बदला और सतह को बुलंद किया सोहराब मोदी ने, जिनकी फ़िल्म ने ग़ालिब की शोहरत को सही मायनों में हिंदुस्तान के कोने-कोने तक फैला दिया और ग़ालिब को बायेदओ शायद ऐसा हर दिल अज़ीज़ बना दिया।

फिर एक अरसे के बाद केसिट, वीडियो और सैटेलाइट टेलीविजन का सैलाब आया और आवामी कलचर के ज़मीनो आसमान ज़ेरो जबर हो गए। गुलज़ार ने अपनी तख़्लीक़ियत को उस critical moment में ऐसी आरज़मंदी और दिलसुज़ी से दाँव पर लगाया कि ग़ालिब की आवाज़ बरेसग़ीर के तौलओ अर्ज़ में घर-घर पहुँच गई और ग़ालिब का जादू सिर चढ़कर बोलने लगा।

आज अगर ग़ालिब की अज़मत हिंदुस्तानी आवामी हाफ़िज़े का हिस्सा है और ग़ालिब की मक़बूलियत हिंदुस्तान की दूसरी जुबानों के आर-पार जारीओ सारी है तो इसमें गुलज़ार की 'फ़नकारी' का क्या रोल हो सकता है, इसका तस्सवुर भी आसान नहीं।

ग़ालिब की हयात व शख़्सियत पर गुलज़ार के शहकार सीरियल का यह मंज़रनामा एक तारीख़ी दस्तावीज़ है, जिससे ग़ालिब की एक के बाद एक हद-दर्जा दिलचस्प, पेचीदा और पहलुदार शख़्सियत की कई परतें खुलती हैं, साथ ही यह भी पता चलता है कि ख़ुद गुलज़ार के दिलो दिमाग़ और उनकी तख़्लीक़ियत ने ग़ालिब से क्या मामला किया, उनको किस तरह क़ुबूल किया या देखा-परखा और समझा या फिर किस तरह 'बना' सजा-सँवारकर छोटे स्क्रीन के नाज़रीन के लिए पेश किया और ऐसा पेश किया कि ग़ालिब के बे लुसओ बे-रिया शख़्सियत का 'करिश्मा' चलता हुआ जादू बन गया और ग़ालिब की आवाज़ तमाम हिंदुस्तानी-पाकिस्तानी आवाम ख़्वा उनकी मादरी ज़बान कुछ हो, सबके दिल की धड़कनों में शामिल हो गई। गोया एक इन्तहाई पेचादी और ग़ैर मामूली ज़िंदगी को deconstruct और reconstruct करके छोटे स्क्रीन पर अज़्सरे नो इस तरह से 'ख़ल्क़' करना कि अक्स अक्स न रहकर ज़िंदगी का सोना बन जाए और रोज़मर्रा का रूटीन और mundane फ़ना होकर ग़ैर मामूली जमालियत में ढल जाए, यह आर्ट का माजिज़ा नहीं तो क्या है? ग़ालिब के लाखों करोड़ों शायक़ीन के साथ गुलज़ार के सीरियल ने यही 'हादसा' किया। इसमें मंज़रनाम के अलावा मौसीक़ी और अदाकारी का भी कमाल रहा होगा, लेकिन अगर यह सब आर्ट की unity में ढल गए हैं तो सोचने की बात है कि यह कमाल किसका कमाल है और यह कारनामा किसका कारनामा है?

सौ बातों की बात कि ग़ालिब की बेपनाह और down to earth रवैये से गुलज़ार के तख़्लीक़ी ज़हन ने सहज एक जज़्बाती और रूहानी रिश्ता इस्तवार कर लिया। गुलज़ार बेसबब नहीं कहते कि बचपन में उनके मौलवी साहबी ग़ालिब को 'चचा ग़ालिब' कहकर पढ़ाया करते थे। बेशक बड़ी शख़्सियतों से सब डरते-बुदकते है, लेकिन गुलज़ार ने जिस ग़ालिब से आशनायी की

उसे 'बुज़ुर्ग कम दोस्त ज़्यादा' जाना। इसके लिए जिस ज़हनी wave-length की ज़रूरत थी वह गुलज़ार की तख़्लीक़ियत ने फ़राहम किया। गुलज़ार की इस बात से कौन इन्कार कर सकता है कि ग़ालिब ने भले क़र्ज़ में ज़िंदगी गुज़ार दी, लेकिन अब बशमुल गुलज़ार हम सब ग़ालिब के कर्ज़दार हैं। बेशक यह पूछने का हक़ गुलज़ार ही को पहुँचता है कि उन्होंने ग़ालिब की ज़िंदगी बनाई या ग़ालिब ने उनकी ज़िंदगी बना दी। हक़ीक़त तो यह है कि ग़ालिब की शायरी ने आने वाले ज़मानों की, हम सबकी ज़िंदगी बना दी और हमारी तहज़ीबी मेरास को फिक्रओ जमालियाती रफ़त की ऐसी बुलंदी अदा कर दी, जिसका बहुत सी ज़बानों के secular अदब में दूर-दूर तक कोई जवाब नहीं।

इन सब बातों पर शाहिद है गुलज़ार का यह दस्तावीज़ी मंज़रनामा। यक़ीन है इससे एक ज़रूरत पूरी होगी और इसे क़दर की नज़रों से देखा जाएगा।

– गोपीचंद नारंग

सदर, साहित्य अकादेमी

मुक़दमा

और फिर बयाँ अपना...

'ग़ालिबियत' अपने आपमें एक पूरा सोलर सिस्टम है, जहाँ ग़ालिब आफ़ताब है और नाक़्दीन उसके स्य्यारे, प्लैनेट! कुछ अहम् कुछ ग़ैर अहम्। उनमें ज़मीन का-सा धड़कता एक स्य्यारा है गोपीचंद नारंग! इस वक़्त हिंदुस्तान में उनसे बड़ी कोई 'ऑथीरिटी' ग़ालिब और उर्दू पर नज़र नहीं आती! ग़ालिब पर लिखा यह मंज़रनामा मैं उन्हें पेश कर रहा हूँ। इसलाह, मश्वरे और तंक़ीद की ग़र्ज़ से। मैं म्मनून हूँ कि पेश लफ़्ज़ के लिए डॉक्टर साहब ने मेरी अर्ज़ी मंजूर कर ली।

एक अर्ज़ और...ग़ालिब पर किसी तहक़ीक़ का दावा नहीं मुझे, हाँ ग़ालिब के साथ एक लगाव का दावा ज़रूर करता हुँ।

स्कूल में मौलवी मुजीबुर्रहमान से उर्दू पढ़ी और उन्ही की बदौलत ग़ालिब, ज़ौक़, ज़फ़र, मोमिन, नासिख़ और दूसरे शोरा से तारुफ़ हुआ। बड़े-बड़े शायर और बड़ी-बड़ी शख्सियतें, उनकी स्वानही उमरी भी पढ़ीं। लेकिन ग़ालिब की स्वानही उमरी पढ़ते हुए, एक अजीबओ ग़रीब अपनेपन का एहसास होता था। शायद इसीलिए हमारे मौलवी साहब भी उन्हें, 'चचा ग़ालिब' कहकर ख़ताब करते थे। ऐसा ख़ताब किसी और शायर के नाम के साथ कभी नहीं लगाया गया।

ऐसा होता है, कूछ बड़ी-बड़ी शख़्सियतों से आप रोब खा जाते हैं, कुछ बुज़ुर्ग ऐसे भी होते हैं जो बुज़ुर्ग कम और दोस्त ज़्यादा लगते हैं। मौलवी साहब जब-जब ग़ालिब पढ़ाते थे तो ग़ालिब पढ़ते हुए इस तरह का एहसास होता था।

उर्दू बस स्कूल तक ही पढ़ी, इसके बाद हर जगह हिंदी का ज़ोर आ गया। फिर से क़ायदा लेकर बैठने की न उम्र थी, न नियत हुई। उर्दू ही पर क़िनात की और उसी रस्मुलख़त में लिखते-पढ़ते रहे। मौलवी साहब पाकिस्तान चले गए, उर्दू घुट्टी में पड़ी थी, वजूद का हिस्सा बन गई। ज़ाहिर है, ग़ालिब के बारे में मेरी दिलचस्पी बढ़ती ही रही।

मैं अक्सर कहा करता हूँ, ग़ालिब के हाँ तीन मुलाज़िम थे, जो हमेशा उनके साथ रहे। एक कल्लू थे, जो आख़िर दम तक उनके साथ रहे, दूसरी वफ़ादार थीं, जो तुतलाती थीं और तीसरा मैं था। वे दोनों तो अपनी उम्र के साथ रेहाई पा गए, मैं अभी तक मुलाज़िम हूँ।

ग़ालिब की शख़्सियत में एक 'डाउन टू अर्थ' मिज़ाज मिलता है। एक आम इंसान का, जो बड़ी आसानी से ग़ालिब के साथ identify करा देता है। कम-से-कम ऐसा महसूस होता है। ग़ालिब का हद से ज़्यादा आमों का शौक़ और फिर ज़्यादा आम खाने से फोड़ों का निकलना और फिर फोड़ों पर मरहम (मलहम) का इस्तेमाल और मरहम लगाने की तफ़सील, वे बक़ौल खुद बयान करते हैं, लगता है, यह शख़्स आपका पड़ोसी है। मुझ लगता है, मैं ग़ालिब के साथ उनके घर पर रहता हूँ।

ग़ालिब का उधार लेना, उधार न चुका सकने के लिए पुरमज़ह बहाने तलाशना, फिर अपनी ख़फ़्त का इज़्हार करना, जज़बाती तौर पर (emotionally) मुझे ग़ालिब के क़रीब ले जाता है। काश मेरी हैसियत हौती और में ग़ालिब के सारे क़र्ज़ चुका देता। अब हाल यह है कि मैं और मेरी नस्ल उसकी कर्ज़दार है।

दोस्तों का ज़िक्र, शिकवे, हँसी-मज़ाक, घर में बैठकर लई से लिफ़ाफ़े चिपकाना और ख़त भेजना, लगता नहीं कि हम अपने ज़माने के सबसे अज़ीम शायर और दोनिक्षवर की बात कर रहे हैं।

पता नहीं कोई मुझसे मुतफ़िक़ होगा या नहीं, लेकिन जिस शख़्स के यहाँ सात औलादें हुईं और कोई ज़िंदा न रही, उस शख़्स में क्या जान होगी कि उस ग़म के बावजूद उसकी 'सेंस ऑफ़ ह्यूमर' अपने दौर के तमाम दानिश्वरों से अलग साफ़ सुनाई देती है और उस शख़्स ने दूसरी शादी करने

की नहीं सोची। मुझे लगता है कि तमाम नोक-झोंक के बावजूद ग़ालिब ने अपनी बेगम से मोहब्बत की और उनकी इज़्ज़त की और उनके साथ औलादों का पूरा-पूरा ग़म बाँटा।

'चचा ग़ालिब' कहते हैं तो लगता है, महसूस किया है। सिर्फ़ सोचकर नहीं कह दिया। ज़िंदगी के हर मौक़े के लिए quotation मुहैया कर देते हैं।

वे जुआ भी खेलते थे, खेल की तरह खेलते थे। शराब भी पीते थे, इसपर परदा नहीं डाला, उसे शर्मिंदगी का बॉस नहीं बनाया। ग़ालिब की शख़्सियत में मुझे कोई बात ओढ़ी हुई (put on) नहीं लगती। शायद इसीलिए ग़ालिब की शख़्सियत इतना मुत्तास्सर करती है और ग्यारह बरस में जो भी मवाद जमा हुआ मेरे पास उससे मैंने ग़ालिब की ज़िंदगी पर एक सीरियल बनाया।

अब आप ही बताएं, मैंने ग़ालिब की 'ज़िंदगी बनाई' या ग़ालिब ने मेरी ज़िंदगी बना दी।

—गुलज़ार

एक

1

गली क़ासिम जान...

सुबह का झटपटा, चारों तरफ़ अँधेरा, लेकिन उफ़क़ पर थोड़ी सी लाली। यह क़िस्सा दिल्ली का, सन् 1867 ईसवी, दिल्ली की तारीख़ी इमारतें। पुराने खण्डहरात। सर्दियों की धुंध-कोहरा-ख़ानदान-तैमूरिया की निशानी लाल क़िला-हुमायूँ का मक़बरा-जामा मस्जिद।

एक नीम तारीक कूँचा, गली क़ासिम जान-एक महराब का टूटा सा कोना-

दरवाज़ों पर लटके टाट के बोसीदा परदे। डेवढ़ी पर बँधी एक बकरी-धुंधलके से झाँकते एक मस्जिद के नक़ूश। पान वाले की बंद दुकान के पास दिवारों पर पान की पीक के छींटे। यही वह गली थी जहाँ ग़ालिब की रिहाइश थी। उन्हीं तस्वीरों पर एक आवाज़ उभरती है-

बल्ली मारां की वो पेचीदा दलीलों की सी गलियाँ
सामने टाल के नुक्कड़ पे बटेरों के क़सीदे
गुड़गुड़ाती हुई पान की पीकों की वो दाद-वो, वाह-वा
चंद दरवाज़ों पे लटके हुए बोसिदा से कुछ टाट के परदे
एक बकरी के मिमयाने की आवाज़!
और धुंधलाई हुई शाम के बेनूर अँधेरे
ऐसे दिवारों से मुँह जोड़ के चलते हैं यहाँ
चूड़ी वालान के कड़े की बड़ी बी जैसे
अपनी बुझती हुई आँखों से दरवाज़े टटोले
इसी बेनूर अँधेरी सी गली क़ासिम से

एक तरतीब चिराग़ों की शुरू होती है
एक कुरान-ए-सुख़न का सफ़ा खुलता है
असद उल्लाह ख़ान ग़ालिब का पता मिलता है।

दरवाज़े पे लटका टाट का परदा हिला। बूढ़े से दो पैर नमूदार हुए। मोजड़ी पुरानी थी एड़ी के पास दबी हुई। उन्हें घसीटते हुए। मोटी सी मज़बूत लाठी के सहारे ग़ालिब मस्जिद की तरफ बढ़े। फ़जर के सुर अभी तक फ़िज़ा में गूँज रहे थे। ये ईमान वालों के लिए बुलावा था।

ग़ालिब ने गली पार की। मस्जिद के पास पहुँचकर एक आह भरी। सीढ़ियों के पास जूतियाँ उतारीं। पहली सीढ़ी चढ़े और रुक गए। अज़ान अब पूरी हो चुकी थी।

इक ख़ामोशी!

चेहरा ऊपर उठाकर देखा, मस्जिद का खुला दरवाज़ा, उसके ऊपर महराब-उसके पीछे आसमान! ग़ालिब ने फिर आह भरी। आँखें कुछ नम हो गयीं। उसी चेहरे पर यह शेर गूँजाः

ये मसाई ले तसव्वुफ़ यह तेरा बयान ग़ालिब
तुझे हम वली समझते जो न बाद ख़्वार होता

मिर्ज़ा उलटे पैरों लौट आए। मोजड़ी पहनी और गली पारकर, अपने घर की तरफ़ चल दिए। इसपर एक और शेर गूँजाः

हुए मर के हम जो रुसवा हुए क्यूँ न ग़रके दर्या
न कभी जनाज़ा उठता, न कहीं मज़ार होता

किसी आदमी ने गली पार करते हुए मिर्ज़ा को आदाब कहा। मिर्ज़ा ने हाथ उठाया, जवाब में 'आदाब' बुदबुदाया। घर के दरवाज़े की चौखट के नीचे पत्थर पर बैठ गए। अंदर से बेगम की आवाज़ आई -

'लौट आए?'

मिर्ज़ा ने बेगम की तरफ़ देखा भी नहीं, बस बैठे रहे।

'बड़े तड़के उठ गए थे आज तो!'

बेगम हम उमर थीं मिर्ज़ा ने जवाब में कुछ नहीं कहा, बस अपनी लाठी ज़मीन पर टापते रहे। बेगम परदे के पीछे से झाँक रही थीं। मिर्ज़ा को लगा कि बेगम की नज़रें उनकी पीठ में गड़ रही हैं। बेगम कुछ मायूस सी हुईं।

'गए नही?'

फिर रुककर बोलीं–

'अभी भी वक़्त है। सुलह कर लो अल्लाह से।'

अब जाकर मिर्ज़ा ने मुँह खोला। जैसे अपने आप ही से मुख़ातिब हों–

'किस मुँह से जाऊँ? सत्तर साल से बुला रहा है। दिन में पाँचों वक़्त आवाज़ दी उसने...मैं...उसके वफ़ादारों में ना था बेगम...अब उससे नहीं, खुद से शर्मिंदा होता हूँ।'

अचानक मिर्ज़ा की नज़र एक कंचे पर पड़ी, जो गली की धूल में चमक रहा था। मिर्ज़ा ने कंचा उठाया और उसे देखते रहे।

बेगम ने वहीं से पूछा–

'क्या है?'

मिर्ज़ा ने कंचा दिखाते हुए कहा–

'कंचा है। किसी लम्डे (लौंडे) का रह गया...खेलोगी?'

बेगम ने कहा–

'यही खेला करते थे। जब निकाह पढ़कर लाये थे हमें!'

मिर्ज़ा को शरारत सूझी। आँखों में इक अजीब सा नशा छा गया–

'तुमने...हमारे कंचे जो छुपा लिए थे...बेगम! वही तरीक़ा था अपनी गोलियाँ निकलवाने का...घर ही ले आया तुम्हें। गोलियों समेत!'

मिर्ज़ा अपनी बेगम के क़रीब आ गए और यादों की उसी ख़ुमारी में पूछा–

'आ जाओ ...खेलना है?'

बेगम ने अपनी उमर देखी। मिर्ज़ा का सिन देखा।

'हाँ! अब ये कंचे खेलने की ही उमर रह गई है?'

मिर्ज़ा ने अज़राहे मज़ाक कहा–

'पोते-पतियाँ भी तो नहीं हैं खेलने के लिये कि उन्हीं से खेल लूँ।'

मिर्ज़ा की आवाज़ में अब भी मज़ाक था, लेकिन बेगम को उसमें शिकायत की धुन सुनाई दी।

'तो हमें इलज़ाम क्यूँ देते हो...हमने तो अल्लाह के फ़ज़्ल से सात औलादें दीं...अब उनके ज़िंदा रहने में अल्लाह की मंशा नहीं थी, तो हम क्या करें!'

मिर्ज़ा फिर बेगम से मुख़ातिब हुए–

'तुम्हीं इलज़ाम देती हो उसे। हमने तो कभी कुछ नहीं कहा। सजदे में नहीं गए तो शिकवा भी नहीं किया।'

बेगम ख़ामोश रहीं और अंदर चली गईं। मिर्ज़ा ने बेगम को जाते देखा। उन्होंने ऐन दरवाज़े के सामने गुत्थी बनाई। कंचा उँगलियों में पकड़ा और उसे गुत्थी में फेंकने के अंदाज़ में खड़े हो गए।

2

गली क़ासिम जान...

वही मिर्ज़ा ग़ालिब की हवेली–वही मिर्ज़ा हाथ ऊपर उठाए उँगलियों में कंचा धरे, वही सामने गुत्थी। किसी के गुज़रने की आहट हुई। मिर्ज़ा ने मुड़कर देखा। एक नौजवान हाथों में एक कबूतर थामे पास से गुज़र रहा था। नौजवान ने हाथ परेशानी की तरफ़ उठाए हुए मिर्ज़ा को सलाम किया।

'सलाम वालयकुम असद मिर्ज़ा।'

मिर्ज़ा ने सलाम का जवाब भी दिया और सवाल भी किया–

'वालयकुम सलाम...क्यूँ मियाँ! लुक़्के हैं क्या?

'कहाँ जनाब लुक़्के लखनऊ के? उड़ गए जबसे फ़िरंगी आए है।'

'इस शहर दिल्ली में नहीं उड़ते कबूतर?'

नौजवान ने फ़िक़रा कसा–

'ख़ाक उड़ती है मियाँ नौशा! कभी क़िला तक जाकर देखो! आप तो इस गली क़ासिम जान से बाहर जाते नहीं आजकल। चेहरों के रंग उड़ गए हैं।'

मिर्ज़ा ने आह भरी–

'जाऊँ तो कहाँ? ...किस क़िले में? बाशा (बादशाह) ज़फ़र तो जिलाये वतन हो गए। अंग्रेज़ों ने उन्हें रंगून भेज दिया...और शहज़ादों के सर लटका दिए खूनी दरवाज़ों पर...अब मेरा कौन है उस क़िले में?'

नौजवान को यह जवाब नागवार गुज़रा। ताना दिया–

'अंग्रेज़ तो हैं ...! आपका वज़ीफ़ा तो बहाल कर दिया उन्होंने। आप तो बहुत ख़ुश होंगे उनसे...बाशा (बादशाह) नहीं तो क्या?'

मिर्ज़ा को बात चुभ गई–

'देखो मियाँ? शिकायत हमसे नहीं, ख़ुद से करो। क़ौमें बादशाहों से नहीं, आवाम से बनती है और आप अगर आज भी कबूतर न उड़ा रहे होते तो यह मुल्क कुछ और होता। यह क़ौम कुछ और होती...! जाओ, कबुतर उड़ाओ।'

नौजवान को ठेस लगी। यह चोट उसके किर्दार पर थी। उसने ख़ामोश रहना ही मुनासिब समझा और अपनी राह चला गया। मिर्ज़ा ने उपना कंचा सँभाला। बाँह उठाकर निशाना साधा और कंचा फ़ेंकने के लिए तैयार हुए कि उसी बीच एक (नाबीना) सूरदास एक सूरदासी भजन गाता हुआ गली क़ासिम जान में दाख़िल हुआ।

'सब नदियाँ जल भर...'

सूरदास का हाथ थामे एक लड़की थी। सूरदास उनके दरवाज़े पर आकर रुक गया और सदा दी–

'माई!'

आटे का कटोरा लेकर उमराव बाहर आ गईं। उन्होंने आटा सूरदास की झोली में डाला दिया। सूरदास ने हाथ उठाकर आशीष दी और आगे चल पड़ा। देर तक आवाज़ गली में गूँजती रही। मिर्ज़ा सुनते रहे। बोले–

'यह ब्राह्मण गाता बहुत अच्छा है।'

मिर्ज़ा को बाहर खड़ा देखकर बेगम बोलीं–

'अब अंदर नहीं आइएगा क्या?'
'अंदर क्या है, बेगम? कुछ खाली बोतलें और शिकस्ता प्याले? बस!'
बेगम को बोतल और प्याले की बात अच्छी नहीं लगी, तुनककर बोलीं–
'बाहर फेंकवा दूँ उन्हें?'
मिर्ज़ा ने सर हिलाकर न कहा और एक शेर पेश किया–

गो हाथ को जुंबिश नहीं, आँखों में तो दम है
रहने दे अभी सागरओ मीना मेरे आगे।

बेगम की नज़र में यह कुफ्र था। खीज के उन्होंने कहा–
'आ जाओ अंदर! कुछ नहीं तो घर तो है। ग़ारत शुदा ही सही!'
बेगम अंदर गईं। मिर्ज़ा ने मुस्कुराते हुए इक शेर कहा–

घर में था क्या कि तेरा ग़म उसे ग़ारत करता
वो जो रखते थे हम इक हसरते तामीर सो है।

फिर वही कंचा। वही उठी हुई बाँह। वही खड़े होने का अंदाज़। अबकी बार निशाना साधकर मिर्ज़ा ने कंचा फेंका और कंचा गुत्थी में चला गया। माज़ी की एक याद ने सर उठाया।

3

गली क़ासिम जान...
वही हवेली, वही ड्योढी के सामने गुत्थी। उस गुत्थी में एक छनक के साथ मुठ्ठी भर कंचे फेंके गए। कुछ गुत्थी में पहुँचे, कुछ बाहर गिरे। एक शोर के साथ जीतने वाले लड़के ने जीते हुए कंचे उठा लिए। एक लड़के ने कहा–

'असद... चलो अब तुम्हारी बारी है।'

फिर दूसरे की बाज़ी। बंटे से कंचे टकराए। असद नाम का लड़का अपने कंचे उठाने के लिए जो आगे बढ़ा तो एक बुज़ुर्ग उससे टकराए। असद नीचे गिरा और गुस्से में चिल्लाया–

'देखकर नहीं चलता बुढ़ऊ।'

बुज़ुर्ग को लड़के की बदतमीज़ी और बदकलामी नागवार गुज़री। उसने डाँट पिलाई–

'ऐ लम्डे! बुज़ुर्गों से इस तरह बात करते हैं?'

असद ने वापस वार कर दिया फ़ारसी में–

'बुज़ुर्ग ब अक़्ल अस्त न ब साल...'

बुज़ुर्ग फ़ारसी नहीं जानते थे, फिर भी उन्हें एक ज़बान दराज़ लड़के की बात अच्छी नहीं लगी।

'क्या...?'

'बूढ़े हो मियाँ, बुज़ुर्ग नहीं!'

बुज़ुर्ग आगे आए और असद के कान मरोड़े और पूछा–

'क्या नाम है तुम्हारा?'

'असद उल्लाह।'

'अच्छा इलाहीबख़्श के दामाद हो? कहाँ है तुम्हारा ससुर?'

असद बिगड़ गया और तुर्की ब तुर्की जवाब दिया–

'धक्का मुझे दिया और पता ससुराल का पूछते हैं आप?'

'बड़े ही ज़बान दराज़ हो। बड़ी लम्बी ज़बान है तुम्हारी।'

'हाँ है। फ़ार्सी ज़बान है। समझ में आती है?'

लेकिन बुज़ुर्ग को इतना धीरज कहाँ कि ज़बान की खूबसूरती और बारीकी पर गौर करें। वे कान पकड़े असद को इलाहीबख़्श के घर के भीतर ले गया।

'चलो अंदर... बताता हूँ तुम्हारे बुज़ुर्गों को। ज़रा उनके सामने कहना बूढ़े हैं या...'

4

असद का कान खींचकर बूढ़ा डेवढ़ी में दाख़िल तो हुआ, लेकिन फिर उसे ख़्याल आया कि उसने अपनी आमद की इतला घर वालों को नहीं दी। उसने असद से ससुर इलाहीबख़्श मारूफ़ को आवाज़ दी–

'मारूफ़ मियाँ! अंदर आ सकता हूँ?'

मारूफ़ मियाँ उस वक़्त अपने दोस्त मौलवी समद साहब के साथ शतरंज खेल रहे थे। हाथ में प्यादा था। बाहर की तरफ़ देखा। जाना-पहचाना चेहरा था मियाँ रमज़ानी का। वहीं से जवाब आया–

'कौन रमज़ानी? आ जाओ। आवाज़ तो अंदर से ही आ रही है।'

बूढ़ा रमज़ानी अंदर आ गया और उनके आगे-आगे असद था, जिसका कान उसने अभी तक पकड़ रखा था। उसने असद को सामने धकेला और कहा–

'चलो बताओ, क्या कहा था तुमने?'

इलाहीबख़्श मारूफ़ ने हुक्क़े की न्ये मुँह से निकाली और पूछा–

'क्या हुआ? कुछ किया असद ने?'

जी हाँ!...फ़र्माते हैं मैं बूढ़ा हूँ। बुज़ुर्ग नहीं।'

मारूफ़ ने मौलवी साहब की तरफ़ देखा। उनके होंठों पर मुस्कुराहट थी।

'क्यूँ असद मियाँ! आपने कहा था?'

असद हाज़िर जवाब ठहरा। फट बोल पड़ा -

'जी नहीं! कहा तो शेख़ सादी ने था। मैंने तो सिर्फ़ देहराया था।'

मारूफ़ और मोलवी साहब ने एक-दूसरे की तरफ़ देखा। अबकी मौलवी साहब ने पूछा–

'क्या कहा था शेख़ सादी ने?'

'कहा था–

बुज़ुर्ग ब अक़्ल अस्त न बसाल

अमीर ब दिल अस्त न बमाल।'

दोनों दोस्त हँस पड़े। बूढ़े को बहुत बुरा लगा। वह अपने गुस्से को रोक नहीं पाया–

'आप लोग हँस रहे हैं इस बात पर।'

मारूफ़ मियाँ से रमज़ानी की हालत देखी न गई। उन्होंने असद को वहाँ से हटाने के लिए उन्हें चिलम भर लाने का हुक्म दिया–

'देखो बेटे, यह चिलम ले जाओ। ताज़ा करके लाओ।'

असद चिलम लेकर भीतर गया।

मारूफ़ मियाँ ने रमज़ानी को बड़ी संजीदगी के साथ कहा–

'नहीं रमज़ानी! मैं नहीं मानता कि यह शेख़ सादी ने तुम्हारे लिए कहा होगा।'

रमज़ानी को मारूफ़ मियाँ की चहल अच्छी नहीं लगी–

'देखिए मियाँ इलाहीबख़्श यह मस्ख़री, मज़ाक की बात नहीं है। इस लड़के को तमीज़ सिखाइए कुछ, वरना...'

मारूफ़ मियाँ के तेवर बदले–

'वरना! वरना क्या करोगे?'

मियाँ रमज़ानी तैश में आ गए–

'लुहारों के नवाब से शिकायत कर दूँगा!'

मारूफ़ मियाँ हँस पड़े–

'वे मेरे बड़े भाई हैं। तुम्हारी तरफ़दारी नहीं करेंगे। एक काम करो मियाँ, क़िले चले जाओ। बाश (बादशह) हैं। उनसे शिकायत कर दो। वे ख़ुद कुछ न कर पाएँ तो कम्पनी बहादुर तक जरूर तुम्हारी शिकायत पहुँचा देंगे।'

मौलवी साहब ने देखा कि बात बिगड़ जाएगी, उन्होंने मामला रफ़ा-दफ़ा करने की कोशिश की–

'मारूफ़ भाई! आप तो बच्चों की तरह लड़ रहे हैं उनसे, भाई रमज़ानी! तुम जाओ, हम समझा देंगे असद को। आइंदा इस तरह की बात नहीं करें वह।'

रमज़ानी मियाँ बड़बड़ाते हुए चले गए–

'छोटे मियाँ तो छोटे मियाँ, बड़े मियाँ सुब्हान अल्लाह।'

रमज़ानी को जाता देख मियाँ मारूफ़ ने शतरंज की तरफ़ इशारा किया–

'चाल चलिये, मौलवी साहब। ख़्वाहमख़्वाह खेल में ख़लल डाल गया रमज़ानी। बाहर भी यही किया होगा बच्चों के साथ।'

मौलवी साहब ने जवाब नहीं दिया। वे बिसात को देखते रहे। इतने में चिलम फूँकता हुआ असद दाख़िल हुआ। मौलवी साहब ने मोहरा बढ़ाकर चाल चली। असद ने चिलम हुक्के के ऊपर जमा दी, मगर उसकी नज़र बिसात पर थी।

'आपकी चाल है, बंदा नवाज़!'

मौलवी साहब की चाल पर असद उछल पड़ा, उसने ससुर को अपनी राय दी–

'घोड़ा दौड़ा लीजिये, अब्बा जान।'

मारूफ़ मियाँ सोच में पड़ गए। मौलवी साहब भी चौंके।

'ऊँ ऽऽ...?'

असद ने अपनी बात दोहराई–

'दौड़ा लीजिये।'

'वे वज़ीर मार लेंगे भाई।'

'मारने दीजिए।'

मौलवी साहब ने पूछा–

'क्या बात करते हो। वज़ीर देकर कोई खेल सकता है?'

'आप मारने तो दीजिए।'

मौलवी साहब शशोपंज में पड़ गए–

'ऐसे कैसे भई! शतरंज आती है तुम्हें?'

'आप वज़ीर मारिए तो हम बताएंगे।?'

मारूफ़ मियाँ ने अपनी चाल चली। मौलवी साहब ने वज़ीर मार दिया। असद ने घोड़ा चल दिया–

'ये लीजिए शह और ये मात।'

दोनों खिलाड़ी देखते रह गए।

'अरे वाह!...ये तो सूझा ही नहीं।'

असद हाथ उठाकर आदाब बजा लाया। मौलवी साहब की बाँछे खिल गईं। उन्होंने मारूफ़ से पूछा–

'लड़का ज़हीन है। शतरंज किससे सीखी है? आपसे?' मारूफ़ हँस पड़े।

'लीजिये! हमसे सीखते तो ये ज़हानत होती...आगरे में मोलवी मुअज्जम साहब से फ़ारसी भी सीखी और शतरंज भी...और इस उमर में शेर कहते हैं फ़ारसी में और उर्दू में...फ़ारसी में बेदिल बनना चाहते हैं।'

'बहुत खूब! तख़ल्लुस क्या फ़र्माते हैं।'

'असद!'

मौलवी साहब ने फिर तफ़तीश की–

'वहीं रहते हैं आगरा में?'

'नहीं...घरजमाई बनाकर लाया हूँ इन्हें। अब यहीं रहेंगे दिल्ली में।'

फिर बिसात बिछी है। मगर मौलवी साहब असद के बारे में पूछते रहे–

'तो आगरा में कौन हैं?'

'वालदा हैं और एक छोटे भाई हैं–युसुफ़ अली ख़ान!'

'और वालिद?'

'वालिद नहीं हैं। रियासत अलवर के राजा बख़्तावर सिंह के यहाँ मुलाज़िम थे। वहीं ख़ानाजंगी में एक गोली के शिकार हो गए थे। फिर इनके चचा नसरुल्लाह बेग ने अपनी हिफ़ाज़त में ले लिया इन्हें, आगरा में।'

'वे तो मराठों की तरफ़ से सूबेदार मुक़र्रर हो गए थे वहाँ।'

'जी हाँ! शायद अकबराबाद के वहीं। लेकिन जब आगरा अंग्रेज़ों के क़ब्ज़े में आ गया तो सूबेदारी कमिश्नरी में बदल गई और एक साल पहले एक मुहिम पर अचानक हाथी से गिरकर मौत वाक़िया हो गई। तब से...ये क्या, मैं हाथी पर था और आपने घोड़ा चल दिया।'

मारूफ़ मियाँ असद के बारे में बताते, बिसात की चाल पर चौंके।

मौलवी साहब ने मुस्कराकर कहा–

'कुछ अलग चाल चलकर देखें।'

'आइंदा असद मियाँ के साथ बैठकर सीखेंगे।'

मारूफ़ मियाँ ने चाल चलते हुए मौलवी साहब से गुज़ारिश की–

'एक नवाज़िश कीजिए, मौलवी साहब, असद को अपनी शागिर्दी में ले लीजिए। बड़ा तेज़ घोड़ा है। चल निकलेगा।'

5

शाम ढल चुकी थी। चिराग़ जल चुके थे। घर की बैठक में कारूफ़ मियाँ असद को एक ख़त लिखवा रहे थे।

'आगे ख़ुद ही लिख दो भई! हमसे क्या पूछते हो? वज़ीफ़ा दस हज़ार का था। कटकर पाँच हज़ार रह गया। आधे के हक़दार तुम दोनों भाई हो और आधा तुम्हारे चचा के साहबजादे शम्स को मिलता। अब ये हाजी एक और हिस्सेदार पैदा हो गए हैं। लॉडलेक को समझाकर लिख दो कि वे तुम्हारे रिश्तेदारों में नहीं हैं। ख़्वाहमख़्वाह के हिससेदार बन बैठे हैं।'

असद ने अपने दिल की बात कही–

'हमें तो इसमें शम्स और हाजी की साँठ-गाँठ लगती है।'

'यही लिख दो समझाकर और क्या?'

इलाहीबख़्श मारूफ़ अपने दीवानख़ाने में चहलक़दमी करने लगे। फिर अपने तख़्त पर बैठ गए। असद अपनी अर्ज़ी लिखते रहे। दरी पर बैठे हुए सामने चौकी का काग़ज़-कलम और दवात रखे थे। मारूफ़ मियाँ ने तख़्त पर पड़ा हुआ एक उर्दू का रिसाला उठाया और उसके साफ़े पलटने लगे। अचानक एक ग़ज़ल पर उनकी नज़र टिक गई। उसे दबे होंठों पढ़ा, फिर ऊँची आवाज़ में दोहराया–

इस जफ़ा पर बुतों से वफ़ा की
मेरे शेर शाबाश रहमत ख़ुदा की।

'ये क्या शेर लिखा है, असद? बहुत ख़राब शेर है ये।'

असद ने सुनकर कहा–

'मेरा नहीं, चचा हुजूर...ये असद कोई और हैं।'

मारूफ़ मियाँ ने तशवीश ज़ाहिर की–

'फिर तो इनके तमाम बुरे शेर तुम्हारे नाम मनसूब हो जाएंगे।'

'जी हाँ! और मेरे अच्छे शेर मेरे नाम से मनसूब नहीं होंगे।'

'तो फिर तुम अपना तखल्लुस बदल लो।'

'जी हाँ! सोचता हूँ, 'ग़ालिब' रख लूँ।'

मारूफ़ मियाँ को दामाद का तखल्लुस पसंद आ गया। वे उसे बार-बार दोहराने लगे–

'ग़ालिब! असद उल्लाह ख़ान ग़ालिब। अच्छा है, पर बहुत बड़े लगते हो, भई।

नाम ही से दाढ़ी-मूँछ दिखाई देने लगती है। ग़ालिब, ग़ालिब देहलवी, नहीं सिर्फ़ ग़ालिब।'

'पसंद है आपको?'

'ऊँऽऽ...ज़रा ग़ौर कर लें। और गौरओ खोज़ के लिए ज़रा...तुम मदद करो।'

असद ने मारूफ़ मियाँ की तरफ़ सवालिया निगाहों से देखा।

'अलमारी में शर्बत की बोतल पड़ी है, वह ला दो।'

असद मुस्कराकर उठ खड़े हुए। अलमारी से उन्होंने एक चौकोर बोतल निकाली। आधी खाली थी। असद ने कार्क खींच लिया और ज़बान पर रखकर उसका ज़ायका किया। फिर बोतल लेकर मारूफ़ मियाँ के पास आ गए। मारूफ़ मियाँ ने असद के हाथ से बोतल ले ली।

'ज़रा गिलास भी ला दो, भाई और हाँ, ज़रा नीचे कह दो। कुछ बादम-पिसता भी साथ में भून दें।'

'नीचे किससे कह दूँ?'

'उमराव से कह दो, भाई। अपनी बेगम से।'

'उन्हें कुछ तो आता है नहीं, इतनी सी हैं। ख़्वाहमख़्वाह कहीं हाथ-वाथ जला लेंगी।'

मारूफ़ मियाँ हँस पड़े।

'ओ हो! इतनी फ़िक्र मत करो तुम।'

मारूफ़ मियाँ लिखने की चौकी के पास गए। वहाँ से आधा लिखा हुआ खत उठाया और उसे पढ़ने लगे। इतने में नीचे से असद मियाँ आ गए। उनके पास मारूफ़ मियाँ के ग़ौरओ ख़ौज़ का पूरा सामान था। चखने के लिए भुने हुए सूखे मेवे, पानी की सुराही और एक काँच का नक़्क़ाशीदार गिलास।

असद बताने लगे–

'यह गिलास दिया है कि आप इसमें... '

अचानक असद का तवाज़न बिगड़ा, मारूफ़ मियाँ ने ताकीद की–

'सँभल कर... '

लेकिन ताकीद से पहले ही नक़्क़ाशीदार गिलास नीचे आ गिरा और एक झनझनाती आवाज़ के साथ रेज़ा रेज़ा हो गया। मारूफ़ मियाँ असद की तरफ़ देखते रह गए।

6

वही घर, वही दीवानख़ाना, कई साल बीत गए। अब असद मिर्ज़ा ग़ालिब की उमर पचीस साल थी और वे तरन्नुम में अपने कुछ शेर पढ़ रहे थे–

और बाज़ार से ले आये अगर टूट गया
साग़रे जम से मेरा जामे सिफ़ाल अच्छा है।

शाम हो रही थी। उमराव चिराग़ रखने दीवानख़ाने में चली आईं। मिर्ज़ा ने मुस्कराकर अगला शेर पढ़ा–

उनके देखे से जो आ जाती है मुँह पर रौनक़
वो समझते हैं कि बीमार का हाल अच्छा है।

शेर कहने के साथ-साथ मिर्ज़ा ने अपने रूमाल में गिरहें बाँध लीं और अपने दीवान (तख़्त) के पास आ गए।

देखिए पाते हैं उश्शाक़, बुतों से क्या फ़ैज़
इक ब्रहमन ने कहा है कि 'यह साल अच्छा है',

हमको मालूम है, जन्नत की हक़ीक़त, लेकिन
दिलके खुश रखने को, 'ग़ालिब' यह ख़्याल अच्छा है।

दो

1

दिन के तीसरे पहर एक इक्का गली क़ासिम जान में दाख़िल हुआ और मिर्ज़ा ग़ालिब के घर के पास रुक गया। मिर्ज़ा के बचपन के दोस्त लाला बंसीधर ने इक्का रुकवाया था।

'बस भैया, यहीं रोक लो।'

कोचवान ने इक्का रोककर पूछा–

'यही मकान है मिर्जा का?'

'हाँ! ज़रा ये टोकरी उतरवा दो, भाई।'

कोचवान ने कुम्हड़ों की टोकरी उतारी। मिर्ज़ा के मकान को ग़ौर से देख और फिर बंसीधर से कहा–

'आगरे वाले कलाँ महल से बहुत छोटा लगता है यह मकान।'

'अच्छा?...मिर्ज़ा को जानते थे आगरा में?'

कोचवान जानता भी था और पहचानता भी था।

'जी हाँ, छुटपन में आप दोनों दोस्तों ने राजा बलवान सिंह के बहुत पतंग काटे थे। आप और मिर्ज़ा कलाँ महल की छत से पतंग उड़ाया करते थे और हम लूटा करते थे।'

इतने में मिर्ज़ा की नौकरानी वफ़ादार दरवाज़े पर आ गई। बंसीधर को पहचानकर, तुतलाती आवाज़ में आदाब बजा लाई–

'तसलीम अलज़ कलती (अर्ज़ करती) हूँ, हजुल (हुजूर)।'

बंसीधर ने गर्मजोशी से जवाब दिया–

'आदाब वफ़ादार! मिर्ज़ा हैं ना घर में?'

'गुसल कल लहे हैं (गुसल कर रहे हैं)।'

'और बेगम?'

'जनाने में हैं। कुछ पलोसनों (पड़ोसनों) से गुफ़्तगू फ़लमा लही (फ़रमा रही) हैं'

'अच्छा! हमारा सलाम कहना और कल्लू को बुला लो, कहो ये टोकरी उठाकर ले जाए, रखवा दे रसोईख़ाने में।'

वफ़ादार कल्लू को बुलाने चली गई।

बंसीधर ने कोचवान बिद्दू मियाँ से कहा–

'बिद्दू मियाँ, ये बग़ल ही में सराय है। वहीं पे इक्का खोल लो जाकर। आगरा तो अब कल ही चलेंगे। आज रात तो हम ठहरेंगे अपने दोस्त के याहाँ।'

कोचवान को बेटी की याद आई। इतनी दूर आये हैं तो मिल ही लें। उसने अपनी मंशा बयाान की–

'तो हम भी अपनी बेटी के यहाँ जाकर ठहर जांए। यहाँ तो बियाही है, दिल्ली में कल सुबह हाज़िर हो जाएंगे।'

बंसीधर को भला क्या एतराज़ हो सकता था–

'बिलकुल वाजिब है...तो एक काम करो। इधर आओ। वह बड़ा वाला कुम्हड़ा ले जाओ बिटिया के लिए...ख़ाली हाथ नहीं जाते।'

बिद्दू मियाँ ने कुम्हड़ा उठा लिया।

'शुक्रिया जनाब! बहुत-बहुत शुक्रिया।'

बिद्दू मियाँ इक्का लेकर चले गए। कल्लू ने आकर टोकरी उठा ली और बंसीधर कल्लू के पीछे-पीछे घर में दाख़िल हो गए। लेकिन पहले खाँसा ज़रूर।

2

लाला बंसीधर अभी बरामदे ही में थे कि चिक की ओट में बेगम आकर खड़ी हो गईं।

'आदाब अर्ज़ करती हूँ, लालाजी।'

बंसीधर रुक गए–

'आदाब भाभी। कैसी हैं आप?'

'शुक्र है अल्लाह का।'

'मिर्ज़ा कैसे हैं? हमारे यार को तो आपने बस दिल्ली का ही कर लिया। आगरे का रुख़ ही भूल गए।'

बेगम ने सफ़ाई दी–

'अभी परले रोज़ ही आपको याद कर रहे थे।'

रस्मी गुफ़्तगू यहीं ख़त्म करके बंसीधर असली बात पर आ गए–

'क़िले तक पहुँचने को कोई वसीला बना कि नहीं अभी।'

उमराव बेगम ख़ामोश रहीं। यह ख़ामोशी बड़ी ही मानी ख़ेज़ थी।

बंसीधर ने बात आगे बढ़ाई–

'आपकी ख़ामोशी में शिकायत सुनाई देती है, भाभी। क्या बात है?'

'भाई साहब, क्या अर्ज़ करूँ? इनकी ज़िद और अना से तो आप वाक़िफ़ हैं' बेगम का धीरज टूट गया, 'मेवा फ़रोशें से उधार माँग लेते हैं। लेकिन किसी साहबे आला का एहसान लेने को तैयार नहीं।'

बंसीधर अपने यार की अदा से वाक़िफ़ थे।

'क़र्ज़ माँगते ज़रा भी नहीं झिझकते, लेकिन एहसान लेते हुए वह शर्म से ज़मीन में गड़ जाते हैं।'

बंसीधर ने एक ठंडी साँस भरी।

'अब्बा थे जब तक, किसी से कह-सुन लिया करते थे। अब वे नहीं, कि कोई सिफ़ारिश ही कर दें।'

उमराव बेगम रुहाँसी हो गईं। गला भर आया। बंसीधर ने उसकी शिद्दत महसूस की।

'उठना-बैठना भी...! ऐसे कम ज़रफ़ लोगों के साथ हो गया है कि हमें तो बिलकुल नहीं भाता...शराब और जुआ भी कहीं ज़ैब देता है उन्हें?'

इलज़ाम ग़लत नहीं थे। बंसीधर ने नज़रें झुका लीं।

बेगम अब कुछ सँभलीं–

'लिल्लाह! ये न समझें कि मैं शौहर की शिकायत कर रही हूँ। आप छुटपन के दोस्त हैं उनके, इसलिए ज़बान खुल गई।'

मिर्ज़ा ग़ालिब ताज़ातर होकर इस बीच पहली मंज़िल पर आ गए। उन्होंने दोस्त को देख। चिलमन के पीछे अपनी बेगम को भी देखा। हँसकर बोले—

'अरे बंसीधर, आते ही अदालते आलिया में सुनवाई हो गई। कहाँ रहे इतने महीने।'

बंसीधर ने शिकायत की—

'तुम ही कौन से चले आए? मैं तो फिर भी फेरा कर गया यहाँ का।'

इस बीच मिर्ज़ा ने कुम्हड़ों को टोकरी देख ली और मुस्करा उठे—

'अरे ये क्या, कुम्हड़ों, कद्दू उठाकर ले आये, लाला?'

'अब आमों की फ़सल बारहों महीने तो होती नहीं, मियाँ।'

बेगम को अपनी मेहमान नवाज़ी याद आई—

'ऊपर तशरीफ़ ले जाएँ। मैं शर्बत भिजवाती हूँ।'

बेगम अंदर चली गईं और बंसीधर छत की जानिब बढ़ गए।

3

बंसीधर मिर्ज़ा की छत से पुरानी दिल्ली के चारों ओर नवाह से देख रहे थे, यह छत और यहाँ बरसाती का कमरा मिर्ज़ा को बहुत पसंद था। यही एक जगह थी जहाँ उन्हें तन्हाई नसीब थी। मिर्ज़ा बंसीधर के पास आए। उन्होंने सफ़ाई और हक़ीक़त बयान करना ज़रूरी समझा।

'मैं जानता हूँ, लाला! बेगम की शिकायत जायज़ है।'

बंसीधर ने संजीदगी से पूछा—

'जानते हो तो कुछ करते क्यों नहीं।'

'क्या करूँ? तुम बताओ...घर में बैठा रहूँ?'

बंसीधर ने कोई जवाब नहीं दिया। फाँस कहीं है और चुभन कहीं और है। वे क्या राय देते! मिर्ज़ा की आवाज़ में ठेस थी, दर्द था।

'तुम जानते हो कि मेरा पहला बेटा मुर्दा पैदा हुआ और दूसरा चंद माह का होकर गुज़र गया। उनके ग़म से बेगम की आँखें अब तक नम रहती हैं। घर में बैठूँ तो वे आँखें मुझसे पढ़ी नहीं जातीं...जब भी देखता हूँ उन आँखों

की तरफ़...लगता है, मातम कर रही हैं।'

मिर्ज़ा ने ठंडी आह भरी।

'ख़ुदापरस्त तो वह पहले से थीं, लेकिन अब तो जैसे, खुद को, सज़दों में दफ़न किए दे रही हैं।'

बंसीधर ख़ामोश रहे। क्या जवाब देते। अच्छा हुआ इस वक़्त मियाँ कल्लू नमूदार हुआ। वह शर्बत और सूखा मेवा लेकर हाज़िर हुआ था। मिर्ज़ा ने हाथ से नाश्ता रखने और लौट जाने का इशारा किया।

'रोज़गार का सिलसिला कुछ हुआ?' बंसीधर ने पूछा।

मिर्ज़ा ने आह भरी–

'क़िले में रिसई का कोई वसीला नज़र नहीं आता। चचा की पंशन रुकी हुई है। या यूँ कहो, जमा हो रही है।'

'तो वक़्त कैसे गुज़रता है।'

'चंद घंटे हाजी मीर की दुकान पर काट लेता हूँ। चंद हमख़्याल जुआरियों के साथ जुआ खेलने में कट जाते हैं। (मुस्कराए) कौड़ियाँ बहुत फेंकता हूँ, लाला! मश्क कर रहा हूँ जिस रोज़ क़िस्मत का पासा फेंकने को मिला। सब कौड़ियाँ अपने हक़ में औंधी कर लूँगा।'

बंसीधर ने शर्बत का गिलास उठाया और कहने लगे–

'जब तुम्हारे ससुर गुज़रे, मैंने सोचा, आगरा वापस आ जाओगे। अपने भाई के पास...मगर लगता नहीं, तुम दिल्ली छोड़ोगे।'

मिर्ज़ा ने दीवान (तख़्त) पर बैठते हुए गावतकिये पर कोहनी टिका दी और एक शेर अर्ज़ किया–

है अब इस मामूरे में कहत-ए-ग़म-ए उल्फ़त असद
हमने यह माना, कि दिल्ली में रहें खावेंगे क्या?

4

हज़रत जौक ने तरन्नुम में अपना शेर पेश किया –

> गर्चे है मुलके दकन में इन दिनों क़दरे-सुख़न
> कौन जाये ज़ौक पर दिल्ली की गलियाँ छोड़कर।

कुछ दरबारी थे। कुछ शार्गिद–वाह-वाह की धूम मच गई। यह हर हज़रत ज़ौक के घर को दीवानख़ाना था। बड़े-बड़े फ़ानूस। मख़मल मुढ़ी कुर्सियाँ और फ़र्श पर क़ालीन, बैठने के लिए नरम-नरम गद्दे, गॉव तकिये-घर का माहौल शाहाना था, सब सहूलते फ़राहम थीं। दरबारी तरीफ़ी कलमात कहने लगे–

'वाह-सुब्हान अल्लाह!'

'क्या बात पैदा की है हुजुर ने।'

एक शागिर्द क़लम-दवात लिए बैठा था। उसने इलतजा की–

'उस्ताद मोहतरम! ज़रा दर्ज कर लूँ ये शेर।'

लेकिन ज़ौक़ अपने काम को भूले नहीं थे। उन्होंने अपने शागिर्द को याद दिलाया–

'तुम्हें मुशायरे की फ़हरिस्त तैयार करने के लिए कहा था, भाई... क्या हुआ?'

शागिर्द ने फ़हरि निकालकर बड़े अदब व एहतराम के साथ उस्ताद को पेश की।

हज़रत ज़ौक़ ने बड़े ग़ौर से फ़हरिस्त देखी–

'कुछ नये नाम भी दिखायी दे रहे हैं...कौन हैं ये साहब...असद अल्लाह ख़ान ग़ालिब?'

शागिर्द ने कहा–

'आगरा से आए हैं। मुहल्ला बल्ली मारां में रहते हैं।'

ज़ौक़ साहब ने दो-एक बार दोहराया। याद रखने की कोशिश की–

'आगरा से...उसद – उल्लाह – ख़ान – ग़ालिब।'

एक दरबारी ने थोड़ी सी जानकारी भी दी ग़ालिब के बारे में -

'इनके दादा समर क़ंद से हिंदुस्तान आये थे। शाह आलम के ज़माने में और तुर्की बोला करते थे।'

दूसरे दरबारी ने जानकारी में इज़ाफ़ा किया -

'और वालिद अब्दुल्लाह बेग ख़ान यहीं पैदा हुए। हिंदुस्तान में-लेकिन कुछ बोले नहीं।'

दरबारी भला जुमला बाज़ी से कभी बाज़ आए हैं? ज़ौक़ ने भी इस नोक-झोंक में हिस्सा लिया -

'और आप? असद उल्लाह ख़ान क्या बोलते हैं?'

'ख़ुद को फ़ारसी का शायर मानते हैं।'

'ख़ुद ही मानते हैं या और भी मानता है।'

'दिल्ली वालों को मनवाना चाहते हैं।'

ज़ौक़ सोच में पड़ गये-

'हूँ... असद... ग़ालिब...'

5

सवेरे लाला बंसीधर की रुख़्स्ती हुई थी, बिद्दू मियाँ इक्का लेकर आ गए थे। दरवाज़े पर दोस्तों ने हाथ मिलाया और गले लगे।

ग़ालिब ने पुरशिकवा कहा-

'और यूँ छमाही मत आया करो, लाला! आगरा है ही कितनी दूर।'

'मैं तो हर मौसम के साथ चला आता हूँ, भाई। तुम्हीं नहीं आते उस तरफ़।'

'अब आऊँगा। ज़रा रोज़मर्रा की जद्दोजहद से फुर्सत मिले तो पहुँचूँ। यूसुफ़ मियाँ से मिले हुए भी बहुत दिन हो गए।'

'तुम्हरे रुपये तो मैं उस तक पहुँचा दुँगा, असद... मगर एक बात बार-बार लब पे आकर रह जाती है।'

'क्या है? कहो ना?'

'देखो, इस वक्त मेरे हालात सही हैं-कुछ रुपए रख लो।'

ग़ालिब ने बंसीधर के कंधे पर हाथ रख दिया। बंसीधर ने जल्दी से कहा –

'लौटा देना जब होंगे?'

ग़ालिब हँस पड़े –

'और न हुए तो?'

'यूँ भी तुम्हारे हैं। मेरी जेब और ज़मीर, दोनों से बोझ हट जाएगा।'

ग़ालिब ने बंसीधर का कंधा थपथपाया।

'देखो लाला, कुछ लोग हैं। क़र्ज़ देना उनका रोज़गार है। क्यूँ उन्हें बेरोज़गार करते हो? और मैंने तो अभी तुम्हारे सुतली, माँजे के उधार भी नहीं दिए।' दोनों हँस पड़े।

इतने में एक अजनबी आ गया।

'आदाब पेश करता हूँ हज़रात।'

दोनों ने आदाब का जवाब दिया।

'जनाब असद उल्लाह ख़ान ग़ालिब के लिए पैग़ाम है।' क्या आप ही...'

'बजा-किसका पैग़ाम है?'

'मुलके शोरा हज़रत शेख़ मो. इब्राहीम ज़ौक़ का पैग़ाम है।'

बंसीधर और ग़ालिब दोनों ने एक-दूसरे की तरफ़ देखा। ग़ालिब ने अजनबी से दावतनामा ले लिया।

'हुजूर जवाब के लिए रुकूँ या...'

'जवाब हम भिजवा देंगे।'

अजनबी सलाम करके चला गया। ग़ालिब ने दावतनामा खोलकर पढ़ा।

बंसीधर ने पूछा-

'क्या फ़ार्माते हैं इब्राहीम।'

'क़िले में मुशायरा है। शाहज़ादा फ़ाख़रू की सदारत में। शरीक होने के लिए दावतनामा आया है।'

बंसीधर का चेहरा खिल उठा, आँखें भीग गईं-

'मुबारक हो मेरे दोस्त! बहुत-बहुत मुबारक हो! मुशायरा लूट लोगे, मैं जानता हूँ।'

6

ग़ालिब लालक़िला के मुशायरे में गए। मुशायरा शुरू हुआ। हज़रत मोमिन ने अपना कलाम सुनाया-

तुम्हें याद हो न कि याद हो
कभी हम में तुम में भी चाह थी
कभी हम भी तुम भी थे आश्ना
तुम्हें याद हो कि न याद हो।

उस्ताद ज़ौक़ शहज़ादा फ़ख़रू के करीब बैठे थे। मोमिन के कलाम के बाद शहज़ादे ने शम्ए महफ़िल मिर्जा ग़ालिब के सामने रखने का इशारा किया। शम्ए महफ़िल मिर्ज़ा असद उल्लाह ख़ान ग़ालिब के सामने लाई गई। मिर्ज़ा ने अपने आस-पास दखा। अचानक महफ़िल में ख़ामोशी छा गई। ग़ालिब की समझ में बात नहीं आई। उन्होंने शहज़ादे को आदाब किया और पूछा-

'इजाज़त है?'

'इर्शाद।'

'नक़्श फ़रियादी है किसकी शोख़ि-ए-तहरीर का।'

कोई आवाज़ नहीं आई। किसी ने भी मुँह नहीं खोला। ग़ालिब को सिर्फ़ अपने दिल की धड़कन सुनाई दी। उन्होंने शेर दोहराया-

'नक़्श फ़रियादी है किसकी शोख़ि-ए-तहरीर का
काग़ज़ी है पैरहन हर पैकर-ए-तस्वीर का।

सुननेवालों (सामईन) में ख़ामोशी रही। आगे का शेर पढ़ा-

'कावे कावे सख़्त जानी हाए तन्हाई न पूछ...'

फिर वही ख़ामोशी छायी रही। ग़ालिब महफ़िल से मुख़ातिब हुए

'मिसरा उठाएँ हज़रात।'

किसी ने मिसरा नहीं उठाया, दबी-दबी आवाज़ें सुनाई दीं-

'हम से तो उठता नहीं। बहुत भारी है।'

हँसी छूटी, क़हक़हे लगे। यहाँ वह साहेबान भी थे जो इब्राहीम ज़ौक़ के घर पर देखे गए थे। ज़ौक ने गर्दन झुका ली। शहज़ादा फ़ख़रू उनकी जानिब देखते रह गए। फिर ग़ालिब की तरफ़ देखा। मिर्ज़ा को समझ नहीं आया क्या हो रहा है क्या यह उनके ख़िलाफ़ कोई साज़िश थी। ग़ालिब ने फ़ैसला किया।

'मक़्ता पेश करता हूँ।'

महफ़िल में दबा-दबा शोर उठा। शहज़ादे ने पूछा-

'ग़ज़ल पूरी नहीं की आपने?'

'हुजुर मिसरा उठाने के लिए कुली नहीं मिले।'

मुफ़ती साहब ने दर्याफ़्त किया-

'क्या सिर्फ़ दो ही शेर कहे ग़ज़ल में। मतला और मक़्ता।'

'जी नहीं मुफ़ती साहब। ग़ज़ल तो पूरी कही थी, लेकिन पहला मिसरा इतना भारी था कि सामईन को उठाना मुश्किल हो गया। बाक़ी अशार पढ़ देता तो उनका उठना मुश्किल हो जाता।'

शहज़ादे ने कहा-

'आप मक़ता इशार्द फ़र्मायें।'

बस कि हूँ, ग़ालिब, असीरी में भी आतश ज़ेर-ए-पा
मू-ए आतशे-दीद: है हल्क: आतिशे दीदा है हल्का मिरी ज़ंजीर का।

महफ़िल में फिर ख़ामोशी छा गई। मिर्ज़ा ग़ालिब ने शहज़ादे को झुककर सलाम किया और महफ़िल छोड़कर आ गए। उन्हें लगा कि हँसी उनका पीछा कर रही थी।

7

रात को मिर्ज़ा ग़ालिब लुटे-लुटे घर आए। ड्योढ़ी पर वफ़ादार उनके इंतज़ार में थी। उसने छूटते ही पूछा-

'मुछायला कैछा लहा हुजूल? (मुशायरा कैसा रहा हुज़ूर)'

ग़ालिब बस मुस्कराये और दहलीज़ लाँघ गए। वफ़ादार पीछे-पीछे आ गई, मिर्ज़ा दालान पार करके बरामदे में आ गए।

'मुछायला तो लूट लिया होगा आपने। (मुशायरा तो लूट लिया होगा आपने) बाछा छलामत (बादशाह सलामत) ने तो ताज ही उताल के लख (उतार के रख) दिया होगा आपके सल पे (सर पे)।'

मिर्ज़ा ग़ालिब ने मज़ाक़ में जवाब दिया-

'हाँ रख ही देते, लेकिन मैंने अपनी टोपी नहीं उतारने दी।'

उन्होंने उमराव बेगम को सहन में नहीं पाया। उन्हें सूना-सूना लगा। आवाज़ दी-

'बेगम?'

बेगम अंदर कमरे में पलंग पर बैठी किरेशिया से कुछ बुन रही थीं। मिर्ज़ा कमरे में दाख़िल हुए तो बेगम ने पूछा -

'कैसा रहा?'

मिर्ज़ा ने जवाब नहीं दिया, मुस्करा दिए। बेगम ने फिर पूछा -

'मुशायरा कैसा रहा? बताते क्यूँ नहीं?'

ग़ालिब ने सर हिलाकर समझाया कि कहने लायक कोई बात नहीं है। फिर हँसकर कहा -

'सुनो! ज़रा प्याला और बोतल तो लिकाल दो।'

'ज़रा मिज़ाज बिगड़ा कि प्याला...ज़रा बात उखड़ी की कोड़ियाँ। बस

यही आदत आपकी अच्छी नहीं लगती हमें।'

मिर्ज़ा ने छेड़ते हुए कहा –

'हम तो अच्छे लगते हैं ना...आदत से क्या लेना तुम्हें?'

'मोहब्बत को करवट बदलते देर नहीं लगती, सिक्का पलटा तो हमें नफ़रत हो जाएगी।'

मिर्ज़ा ग़ालिब ने लम्बी साँस लेकर एक शेर कहा –

पिला दे ओक से साक़ी जो हम से नफ़रत है
प्याला गर नहीं देना, न दे, शराब तो दे

बेगम किरेशिया चलाती रहीं। मिर्ज़ा ग़ालिब ने अगला शेर पेश किया –

दिखा के जुंबिशे लब ही तमाम कर हम को
ने दे जो बोसा तो मुँह से कहीं जवाब तो दे।

बेगम जान गईं कि यह शेर उन्हीं की तरफ इशारा मनसूब है। उनहोंने वफ़ादार को आवाज़ दी –

'वफ़ादार!'

वफ़ादार हाज़िर हुई –

'जी बेगम!'

'साहब का प्याला, बोतल चौबारे में लगवा दो।'

वफ़ादार चली गई। बेगम ने फिर पूछा –

'बताते क्यूँ नहीं? क्या हुआ क़िले में?'

'कुछ होता तो बताता। बढ़ा-चढ़ाकर बाताता। पर शोमइ बदकिस्मती कि कुछ हुआ ही नहीं। निहायत शरीफ़ लोग हैं। झगड़ा भी नहीं करते।'

'दरअसल दिल्ली वाले आपको पसंद नहीं करते।'

'क्यूँ? मेरी शक्ल टेढ़ी है क्या?'

'शक्ल टेढ़ी हो आपके दुश्मन की, मैं तो कहती हूँ...'

इतने में शीशा टूटने की आवाज़ सुनाई दी। बेगम ने पुकारा –

'सम्भलकर वफ़ादार!'

मिर्ज़ा घबराये –

'अरे कहीं बोतल तो नहीं टूट गई?'

'आपके कमरे में जाने से डरती है। कहती है, वहाँ बला रहती है।'

'ठीक ही तो कहती है। मुझसे बड़ी और कौन सी बला होगी वहाँ?'

'ऊँह...!'

कुछ सोचकर बेगम ने वफ़ादार को आवाज़ दी –

'वफ़ादार! कल्लू से कह दो, वह पहुँचा दे।'

फिर मिर्ज़ा ग़ालिब की तरफ़ देखकर कहा –

'मैं कहती हूँ, आगरा लौट चलिए। दिल्ली वाले आपको यहाँ अपना नहीं होने देंगे।'

'हिंदू, मुसलमान, शिया-सुन्नी। यही बँटवारे क्या कम थे कि लोगों ने दिल्ली, लखनऊ और आगरा की दीवारें भी खड़ी कर लीं। दुनिया मुझे छोटी लगती है, बेगम...यह दुनिया...'

ग़ालिब अचानक बेगम के पीछे खड़े हो गए और शेर कहा –

'बाज़ीचाये अतफाल है दुनिया मेरे आगे।'

बेगम ने मिर्ज़ा की तरफ़ देखा। मिर्ज़ा ने समझाया –

'बाज़ीचा...खेलने का मैदान।'

बेगम चिढ़ गईं –

'जी और अतफाल के मानी बच्चे। बाज़ीचाये अतफाल यानी छोटे-छोटे बच्चों के खेलने के मैदान। इतनी उर्दू हमें भी आती है।'

मिर्ज़ा मुस्कराये और तरन्नुम में शेर पढ़ा –

'बाज़ीचाये अतफाल है दुनिया मेरे आगे।'
होता है शबओ रोज़ तमाशा मेरे आगे।

मिर्ज़ा ने बेगम के दुपट्टे के कोने में गिरह लगा दी –

इक खेल है औरंग सुलेमाँ मेरे नज़दीक
इक बात है एजाज़े मसीहा मेरे आगे।

मिर्ज़ा ने दुपट्टे में एक और गिरह लगाई और पलंग के दूसरे पाए के पास आकर बैठ गए –

होता है निहाँ गर्द में सहरा, मिरे होते
घिसता है जबीं ख़ाक पे दरिया मेरे आगे,

मत पूछ कि क्या हाल है मेरा तेरे पीछे
तू देख कि क्या रंग है तेरा मेरे आगे,

ईमां मुझे रोके है, जो खेंचे है मुझे कुफ़्र
काबा मेरे पीछे है, कलीसा मेरे आगे।

तीन

1

पत्थर का छापाख़ाना अंग्रेज़ों की बदौलत हिंदुस्तान में आ गया। पहले इन क़िताबों को हाथ से लिखने वाले क़ातिब थे। मुग़लों के ज़माने में क़िताबत ने आर्ट की सूरत अख़्तियार कर ली थी। फिर जब पत्थर के छापाख़ाने खुले दिल्ली में, लखनऊ में और पंजाब के कई शहरों में तो इन्हीं क़ातिबों ने पत्थर की सिलों का काम सम्भाल लिया। ऐसे ही एक क़ातिब थे पुरानी दिल्ली के नज़मुद्दीन। नज़मुद्दीन ने मिर्ज़ा ग़ालिब के दीवान की क़िताबत सम्भाल ली थी। एक सुबह जब नज़मुद्दीन मिर्ज़ा ग़ालिब के दीवान की क़िताबत कर रहे थे, सामने एक कोने में उनकी बेगम ने क़िताबत की सियाही उबलने के लिए अँगीठी पर चढ़ा रखी थी। नज़मुद्दीन एक ग़ज़ल की क़िताबत कर रहे थे, उन्होंने शेर पढ़ा –

दाइम पड़ा हुआ तेरे दर पर नहीं हूँ मैं
ख़ाक ऐसी ज़िंदगी पे कि पत्थर नहीं हूँ मैं।

नज़मुद्दीन ने दूसरा शेर पढ़ा और अपनी बेगम की तरफ़ देखा –

क्यूँ गर्दिश मुदाम से घबरा न जाये दिल
इंसान हूँ पियालाओ सागर नहीं हूँ मैं।

बेगम ने गर्म-गर्म सियाही दवात में डालते हुए पूछा –
'किसका कलाम है, यूँ झूम-झूमकर पढ़ रहे हो?'
नज़मुद्दीन ने अगला शेर पढ़ा –

या रब ज़माना मुझको मिटाता है किसलिए?
लौहे जहाँ पे हरर्फे मुकरर नहीं हूँ मैं।

'आ हा हा, क्या कमाल की बात है! इस जहाँ की तख़्ती पर मैं वह हर्फ़ नहीं जो दुबारा लिखा जा सके...या रब जामाना मुझको मिटाता है किसलिए। क्यूँ मिटाते हो यारो?' बेगम हैरान हुईं। पहले कभी ऐसा नहीं हुआ था।

'पर ये हज़रत हैं कौन? बड़े दीवाने हो रहे हो उनके शेरों पर।'

नज़मुद्दीन अभी तक उसी नशे में सराबोर थे।

'और कौन हो सकता है? सिर्फ़ मिर्जा ही ये शेर कह सकते हैं।'

'अरे मिर्ज़ा ग़ालिब?'

बेगम ने माथा पीटा।

'उफ़ अल्लाह! किस कंगाल का काम ले लिया। फूटी कौड़ी भी न मिलेगी उनसे। क़िताबत तो दरकिनार, रोशनाई और क़लम के दाम भी नहीं निकलेंगे। ज़माने भर के क़र्ज़दार हैं, कुछ जानते भी हो।'

'ज़रा ये दीवान छप जाने दो, बेगम। ज़माना उनका क़र्ज़दार न हो गया तो कहना। ऐसे शायर आसानी से पैदा नहीं होते।'

बेगम बड़बड़ाती हुई उठीं –

'हाँ, इतनी आसानी से मरते भी नहीं...रसोई के लिए कुछ पैसे हैं खीसे में?'

नज़मुद्दीन ने जेब में हाथ डाला –

'अभी उस रोज़ तो दो रुपए दिए थे।'

'दो रुपए क्या महीने भर चलेंगे?'

'हफ़्ता भर तो चलते। ज़रा किफ़ायत से काम लिया करो।' नज़मुद्दीन ने कुछ रेज़गारी निकालकर दी।

2

शहज़ादा फ़ख़रू के दीवानख़ाने में कई बुज़ुर्ग शोरा उनके मुंतज़िर थे और

काफ़ी देर से बैठे थे। ज़ौक़, मोमिन, शेफ़्ता मुफ़ती वग़ैरह। तभी मुफ़्ती साहब ने इजाज़त चाही -

'भई मैं इजाज़त चाहूँगा। वली अहद को आते शायद देर हो जाए।'

मोमिन ने पूछा -

'आपको कहाँ की जल्दी है क़िबला!'

'सोचता हूँ, मिर्ज़ा से एक मुलाक़ात कर आऊँ। उस रोज़ रूठकर चले गए थे मुशायरे से।'

'क्यूँ तुख़्ल होते हैं उनकी ख़लवत में। बेचारे बैठे कोई गिरह लगाते होंगे या खोलते होंगे।'

'गिरह लगाना तो समझे कि शेर कहते होंगे। ये गिरह खोलना क्या हुआ?' ज़ौक़ ने हैरत से पूछा।

'अरे शेख़ साहब, कमाल का हाफ़िज़ा है उस आदमी का। जितने शेर कहते हैं उतनी गिरहें लगाते जाते हैं रूमाल पर। सुबह उठकर एक-एक गिरह खोलते हैं और शेर दर्ज़ कर लेते हैं।'

ज़ौक़ को मानना पड़ा। हैरत से सर हिलाते रहे।

'हाफ़िज़ा तो वाक़ई कमाल का है। इल्मओ हुनर...'

मुफ़्ती साहब उठे और सबकी आदाब बजा लाए -

'इजाज़त चाहता हूँ।'

मुफ़्ती साहब के जाने के बाद ज़ौक़ ने साथियों से पूछा -

'कोई दीवान छपा हुआ है मिर्ज़ा का या अभी नहीं?'

3

मुफ़्ती सररुद्दीन क़िले से निकलकर मिर्ज़ा के घर पहुँचे। सोचा था, इस वक़्त घर पर ही मिलेंगे। कौड़ी-पासा तीसरे पहर चलता है। इस वक़्त ज़रूर कुछ पढ़-लिख रहे होंगे। यही मौक़ा है उन्हें समझाने का, दुनियादारी सिखाने का। पहुँचे तो नज़ारा ही अलग था।

'आ...आ...आ जा...'

मिर्ज़ा हाथ में दूध की लबालब कटोरी लिए चल रहे थे।

'अजी ये नया शौक़ क्या पाल लिया, मिर्ज़ा। बिल्लियों का...'

'अजी शौक़ किस नामुराद को था मुफ़्ती साहब! वे तो बंसीधर, हमारे यार हैं, वे आए थे आगरा से... कहा था कुम्हड़ा, ककड़ी मत लाना... वे... बिल्ली उठा लाए। बिल्लियाँ बहुत अज़ीज़ हैं उन्हें।'

मिर्ज़ा ने दूध की कटोरी बिल्ली के बच्चे के सामने रख दी, बिल्ली दूध पर टूट पड़ी। मिर्ज़ा बड़ी ममता से उसे देखते रहे, लेकिन बात मुफ़्ती साहब से किए जा रहे थे – बंसीधर की, बिल्ली की, बिल्ली के बच्चों की... कहने लगे –

'... छः बच्चे दिए थे उनकी बिल्ली ने... जो बच्चा सबसे ख़ुश रंग था वह मेरे लिए अठा लाए।'

मिर्ज़ा ख़ुद ही हँस पड़े।

'अब कोई अपनी औलाद बाँटे हमारे साथ तो कैसे इंकार करें!'

मिर्ज़ा, मुफ़्ती साहब को ऊपर दीवानख़ाने में ले गए। बात अभी भी बिल्ली की हो रही थी –

'फिर बता गए कि मेरी तरह गोश्तख़ोर है। लेकिन अपना शिकार ख़ुद ढूँढ़ लेगी। इसलिए घर में चूहे रखना लाज़िम हो गया।'

मिर्ज़ा की बात सुनकर मुफ़्ती साहब ने हँसकर कहा –

'घर में अनाज की बोरियाँ हैं तो इंशाअल्लाह चूहों की कमी न होगी।'

'डरता हूँ कहीं अनाज की कमी न हो जाए।'

मुफ़्ती साहब मुस्करा उठे, इस अल्लाह के बंदे को हर बात में मज़ाक़ सूझता है। कोई संजीदगी नहीं। ज़िंदगी कैसे काटेगा? और जाने की इजाज़त चाही –

'अच्छा मिर्ज़ा, इजाज़त दो... चलता हूँ।'

मिर्ज़ा उन्हें नीचे छोड़ने चले।

'फिर तशरीफ़ लाइयेगा।'

दोनों सीढियाँ उतरने लगे।

मुफ़्ती साहब जो बात कहने आये थे वह तो हुई नहीं। फिर भी सीढ़ियाँ

उतरते हुए पूछा –

'अरे भाई मिर्ज़ा, वह आपके दीवान का क्या हुआ? जो बंसीधर लखनऊ ले जानेवाले थे, छपने के लिए।'

जब छपे तब छपे। मिर्ज़ा को कोई जल्दी न थी। उन्होंने जो हक़ीक़त थी वह बयान की।

'कोई दो महीने से क़ातिब के यहाँ पड़ा है। बस आजकल में पूरा हो जाए तो वे आगरा ले जाएंगे। ये ज़िम्मा उनका।'

सीढ़ियाँ उतरकर दालान पार किया और बाहर आ गए।

'ख़ुदा हाफ़िज़।'

'फ़ी अमान अल्लाह।'

मुफ़्ती साहब निकले तो पुलिंदा बग़ल में लिए नज़मुद्दीन दिखाई पड़ा। मिर्ज़ा रुके और बड़ी गर्मजोशी से क़ातिब की आव-भगत की।

'बड़ी लम्बी उमर है तुम्हारी मियाँ! बस अभी-अभी ज़िक्र हुआ था मुफ़्ती साहब से।'

नज़मुद्दीन ने मस्वदा पेश किया –

'आपका दीवान मुकम्मिल कर लाया हूँ, हुजूर।'

मिर्ज़ा ने दीवान रसीद किया और थड़े पर रख दिया। नज़मुद्दीन अभी भी मिर्ज़ा के अशार के रंग में डूबा हुआ था। नज़मुद्दीन ने कहा –

'हुजूर! मुझ नाचीज़ की हैसियत ही क्या कि राय देने की जुर्रत करूँ। मगर आप बहुत बड़े सुख़नवर हैं। एक-एक शेर कूज़े में दरिया बंद किए हुए... पढ़-पढ़कर सर धुनता था।'

मिर्ज़ा को तारीफ़ अच्छी लगी। मिर्ज़ा ने मुठ्ठी भर सिक्के जेब से लिकालकर नज़मुद्दीन के हाथ पर उँड़ेल दिए।

'तुम्हें दीवान लिखने के लिए था नज़मुद्दीन, पढ़ने के लिए नहीं। ये रही तुम्हारी लिखने की उजरत-मज़दूरी।'

फिर बड़ी संजीदगी से कहा –

'और पढ़ने की तुम दोगे।'

नज़मुद्दीन ने उजरत लेने से इंकार किया –

'मैं किस क़ाबिल हूँ, जनाब, लेकिन ये रहने दीजिए।'

'ना भई! पढ़ने की उजरत तो तुमने दाद से अदा कर दी। मुझे भी अपना फ़र्ज़ अदा कर लेने दो।'

मिर्ज़ा ने सिक्के नज़मुद्दीन को ज़बर्दस्ती थमाए। नज़मुद्दीन को रकम कुछ ज़्यादा लगी –

'ये बहुत ज़्यादा हैं, मिर्ज़ा।'

'मियाँ! थोड़े ख़र्च कर दो। कम हो जाएंगे।'

'आदाब' कहकर नज़मुद्दीन ने रुख़सत ली। मिर्ज़ा ने मस्वदा उठाया और अंदर चले गए।

4

इधर क़िताबत हुई और छपवाने के लिए बंसीधर को भेज दी गई। मिर्ज़ा के सर में दर्द था। कल्लू मियाँ को आवाज़ दी –

'कल्लू मियाँ, ज़रा बाम की डिब्यिा तो ला दो, सर कुछ भारी है।'

कल्लू मियाँ मुस्करा दिए –

'मुबारक हो, हुज़ूर।'

'ऍ...सर भारी होने की मुबारक दे रहे हो।'

'इधर आपका सर भारी हो रहा है...उधर बेगम साहिबा के पाँव भारी हैं।'

उन्होंने फिर कल्लू मियाँ की तरफ़ देखा। कल्लू मियाँ की आँखों में चमक थी।

'मुझे तो वफ़ादार ने बताया।'

ख़बर तो सही थी। घर में सभी को मालूम है। वफ़ादार को, कल्लू को, एक मैं ही हूँ जिससे राज़ रखा गया।

'बेगम ने अभी तक आपसे राज़ रखा हुआ है।'

जेब से तमाम रेज़गारी निकाली और कल्लू के हाथों में डाल दी।

'तुम्हारा इनाम है, कल्लू, ख़ुशख़बरी के लिए।'

कल्लू ने इनाम के पैसे अपने गमछे में बाँध लिए और सीधा रसोईघर की तरफ चल पड़ा। मिर्ज़ा अपना सरदर्द भूल गए।

5

'बेगम...बेगम' कहते हुए मिर्ज़ा बैठक में दाख़िल हुए। बेगम दीवान पर गाव तकियों के सहारे बैठी थीं।

'बेगम!'

बेगम ने पल्लू ठीक से रखा सर पर और कुछ छुपाते हुए मिर्ज़ा की तरफ़ देखा। मिर्ज़ा उसी धुन में थे।

'छुप...छुप के क्या खाया जा रहा है?'

बेगम शरमा गईं।

मिर्ज़ा ने हँसकर कहा -

'हमें नहीं खिलाएंगी?'

बेगम ने इंकार में सर हिलाया -

'ऊँ...हूँ...'

मिर्ज़ा पास आकर बैठ गए।

'देखो, भगत नानक फ़र्मा गए हैं - रुक्खा सुक्खा खाये के ठंडा पांड़ी पी।'

'पांड़ी?'

'मतलब पानी। पंजाब के लोग पानी को पांड़ी कहते हैं।'

अब उन्होंने देखा कि बेगम अभी तक कुछ छुपाए हुए हैं।

'देखो, रूखा-सूखा सब आपस में बाँट कर खाना चाहिए।'

बेगम ने अपने होंठ दुपट्टे से ढक लिए और जल्दी से उठ खड़ी हुईं।

'एक पल...मैं अभी आई।'

बेगम बाहर जाकर थूकने लगीं। मिर्ज़ा ने तकिया उठाया तो गाचनी मिट्टी का टुकड़ा नज़र आया।

'ओहो...तो ये गाचनी मिट्टी नोश फ़र्मा रही हैं आप।'

बेगम होंठ पोंछते-पोंछते अंदर आ गईं। मिर्ज़ा ने गाचनी मिट्टी का टुकड़ा उठाया। बेगम ने झपटकर मिट्टी उनके हाथ से छीन ली।

'अल्लाह! ये क्या गुस्ताख़ी है।'

मिर्ज़ा ने उनकी आँखों को निहारा।

'गुस्ताख़ी तो हमसे हुई थी जो...हाथ-पाँव निकालने लगी है?'

'ये कैसी बेहिजाबी है, अल्लाह।'

'अच्छा...आपने हमें बताया क्यूँ नहीं, राज़ क्यूँ रखा हमसे?'

बेगम के चेहरे पर हया की सुर्ख़ी दौड़ गयी -

'हमें शरम न आती अपने मुँह से कहते...'

'और ये गाचनी मिट्टी चबाते शरम नहीं आई आपको? आपके अब्बा अल्लाह उन्हें जन्नत नसीब करे 'लोहारू' के नवाब, वे सुनते कि उनकी साहबज़ादी मिट्टी नोश फ़र्मा रही हैं तो सोचिए, हमारी क्या हालत करते...अरे नवाबज़ादियाँ हामला हों तो...'

बेगम की आँखों में इलतेजा थी।

'ज़रा आहिस्ता बोलिए। बाहर नौकर काम कर रहे हैं। वे सुन लेंगे।'

मिर्ज़ा ने कहकहा लगाया-

'अरे उनकी क्या मजाल है, वे सुनें! उन्होंने तब भी न सुना, जब मुझे ख़बर दी।' बेगम नाराज़ हो गईं।

'हाय अल्लाह!...ये बातूनी वफ़ादार होगी...उसके पेट में कोई बात नहीं पचती।'

लेकिन मिर्ज़ा को वफ़ादार से कोई दिलचस्पी नहीं थी। उन्हें अपना फ़र्ज़ याद आ गया। उन्होंने कल्लू मियाँ को आवाज़ दी -

'कल्लू मियाँ!...ज़रा इधर तशरीफ़ लाइए।'

बेगम समझी नहीं कि कल्लू मियाँ को क्यों बुलाया जा रहा था। वे कुछ कहनेवाली ही थीं कि कल्लू मियाँ नमूदार हुए। अभी तक काँधे पर वह गमछा था और गमछे के कोने में इनाम की रक़म बँधी थी।

'हुज़ूर, आपने याद फ़रमाया।'

'कल्लू मियाँ, बाज़ार जाओ और चंद टोकरे कच्ची कैरियों के उठा लाओ

बेगम के लिए।'

बेगम ने चुटकी काटी -

'अभी तो आम पर बोर भी नहीं आया, हुजुर।'

'क्या कहते हो, कल्लू मियाँ, हमने आज सुबह ही कोयल को चहकते सुना था।'

'उम्मीद से चहक उठी होगी, हुजूर।'

मिर्ज़ा को कल्लू मियाँ का फ़िक़रा अच्छा लगा। क्या बात कही इस अनपढ़ नौकर ने!

'वल्लाह! उम्मीद की तरकीब बहुत ख़ूबसूरत इस्तेमाल की है, कल्लू मियाँ।'

कल्लू आदाब बजा लाया -

'आपकी ज़र्रानावाज़ी है।'

'यूँ कीजिए, पिसते-बादाम की बोरियाँ उठवा लाइए आप।'

कल्लू मियाँ ने कुछ नहीं कहा। मालिक का अंदाज़ जानता था।

बेगम ने एतराज़ किया -

'बोरियाँ...'

मिर्ज़ा ने सफ़ाई दी -

'उधार लेना बड़े फ़न की बात है, बेगम! बोरियाँ माँगें तो थैला मिलता है।'

बेगम ने आह भरी -

'इतना उधार आता है। चुकेगा कैसे?'

'सरकार का फ़ैसला आने की देर है। बाप-चाचा की पेंशन जमा हो रही है। सब वसूल हो जाएगा। तब दुकानें नहीं, बाज़ार ख़रीदा करना।'

कल्लू मियाँ बात सुन रहा था। मिर्ज़ा ने बात समझा दी -

'चलो कल्लू मियाँ, बाज़ार में हमारी चर्चा तो नहीं चलती, लेकिन पर्चा तो चलता है।'

6

कल्लू मियाँ के बदले वफ़ादार बाज़ार गई। बनिया सामान तौल चुका था। सामान की थैलियाँ एक बड़े टोकरे में क़रीने से रखते हुए उसने पूछा –

'हाँ! कब तक पेंशन मिल रही है मिर्ज़ा की?'

वफ़ादार ने तुतलाते हुए कहा –

'थोले वक़्त की बात है। सलकाल मिलज़ा के चचा की जागील वापस कलने वाली है।' (थोड़े वक़्त की बात है। सरकार मिर्ज़ा के चचा की जागीर वापस करनेवाली है।)

वहाँ खड़े दो-तीन ख़रीदार बात सुन रहे थे। एक ने पूछा –

'आगरे की?'

'जी हाँ।'

'तो फिर मिर्ज़ा आगरा लौट जाएंगे क्या?'

'आगला (आगरा) क्यूँ जाएंगे?...वे तो मियाँ क़िले में छायले आजम (शायरे आज़म) होंगे। बस थोले (थोड़े) दिनों की बात है।'

दूसरे ख़रीदान ने कुछ और ही सुना था, वह बीच में ही बोल पड़ा –

'हुँह...थोड़े वक़्त की बात है...चंडू खाने में तो कुछ और ही सुन रहे थे। कोई कहता था, मिर्ज़ा घुड़सवारी करते तो अच्छा था। शयरी क्यूँ करते हैं।'

पास खड़े लोग हँस पड़े, वफ़ादार ने ओढ़नी के कोने से गाँठ खोलकर पैसे चुका दिए।

'ये लकम (रक़म) आप मिर्ज़ा साहब के हिसाब में जमा कल (कर) लीजिए।'

लेकिन लोग जुमले कसते रहे –

'शयरी के अलावा सब कुछ अच्छा कर लेते हैं मिर्ज़ा।'

'कौड़ियाँ तो ख़ूब खेलते हैं। सुना है...'

'जी हाँ, यही हाल रहा तो कौड़ियों में ही खेलेंगे।'

लोग हँसते रहे। उन्हें बड़ा मज़ा आ रहा था। मुफ़्त का तमाशा था।

वफ़ादार को बड़ा नागवार गुज़रा। लेकिन उसने कुछ कहा नहीं। सामान लेकर घर की तरफ़ चल पड़ी।

7

यह महज़ अफ़वाह नहीं थी। मिर्ज़ा ग़ालिब अच्छी कौड़ियाँ खेलते थे।

बाज़ार के एक बरामदे में चौसर बिछी थी। बारी मिर्ज़ा की थी। उन्होंने बाएं हाथ से कौड़ियाँ खेलीं और दाँव जीत गए। चार आदमी देख रहे थे। एक शख़्स ने मिर्ज़ा को दाद दी –

'आज तो क़िस्मत ज़ोरों पर है। बहुत जीत रहे हो।'

'हारे कब थे नदीम मियाँ? कहते हैं, मुहब्बत का हारा, जुए में ज़रूर...'

एक आदमी दौड़ा-दौडा आया आगाह करने के लिए –

'सादिक़ साहब! चौपड़ा उठा लीजिए, जल्दी...कोतवाल इसी तरफ़ आ रहा है।'

सादिक़ सहाब ने चौपड़ा उठा लिया। मिर्ज़ा ग़ालिब को हैरानी हुई। उन्होंने एतराज़ किया –

'क्यूँ, क्यूँ...क्या हुआ?'

'मियाँ उठो, धर लिए जाओगे। कोतवाल आ रहा है।'

'तो आने दो। खेल ले वह भी। वह क्या हमसे अच्छा खेलता है?'

ख़बरी ने अगाह किया –

'हज़रत! पकड़े गए तो जेल आओगे। जानते नहीं, जुआ खेलना ग़ैरकानूनी है।'

थोड़ी देर में कोतवाल घोड़ा दौड़ाते हुए आ पहुँचा। वह घोड़े ही पर था और मिर्ज़ा से सामना हो गया। पूछा –

'कहिए मिर्ज़ा! क्या हो रहा है?'

'जुआ हो रहा था...आप आ गए रंग में भंग करने।'

कोतवाल ने दोस्ताना लहजे में कहा –

'जुआ खेलना कानूनन मना है, मिर्ज़ा।'

'कोई अपने पैसों से खेलें तब भी?'

'अपने घर में खेले तब भी ग़ैरकानूनी है।'

'घरों में लोग क्या करते हैं इसकी ख़बर फ़रिश्तों को भी नहीं होती। आपको कैसे हो जाती है?'

'शैतान को हो जाती है, मिर्ज़ा! हमारे पास फ़हरिस्त है। सब जुआ खेलनेवालों के नाम लिखे हैं।'

'हमारा भी?'

'जी हाँ।'

मिर्ज़ा ने मुस्कुराकर कहा –

'चलो...ज़िक्र मेरा मुझसे बेहतर है कि उस महफ़िल में है।'

मिर्ज़ा अपने अंदाज़ में चल दिए। कोतवाल उन्हें जाते देखकर 'मन-ही-मन' कुछ फ़ैसला किया...अब मिर्ज़ा की ख़ैर नहीं।

8

पत्ता पत्ता, बूटा बूटा, हाल हमारा जाने है
जाने न जाने, गुल ही न जाने, बाग़ तो सारा जाने है।

यह शेर गाते हुए हाफ़िज़ गुज़र रहे थे। मिर्ज़ा सामने आ गए थे। मिर्ज़ा ग़ालिब रुक गए, हाफ़िज़ का गाना अच्छा लगा। पास आकर दरयाफ़्त किया –

'हाफ़िज़ जी! बड़ा ज़िंदा शेर है। किसका कलाम है।'

हाफ़िज़ ने आवाज़ पहचानी –

'कौन मिर्ज़ा नौशा! मीर तक़ी मीर का कलाम है। शायर थे दिल्ली के।'

ग़ालिब तारीफ़ किए बिना न रह सके –

'वाह! क्या अंदाज़ है।'

फिर दबी आवाज़ में चहल की –

'ज़रा हज़रत इब्राहीम ज़ौक़ के दरवाज़े पर खड़े होकर पढ़िए... नाअहल ये तो जानें कि ज़बान दानी या क़ाफ़िया बंदी से शायरी नहीं होती...हम तो अच्छे शेर के आशिक़ हैं। जहाँ मिल जाए, जिससे मिल जाए।'

मिर्ज़ा ने जेब में हाथ डाला और चौपड़ में जीती सारी रक़म हाफ़िज़ के कटोरे में डाल दी। सिक्कों की झंकार हाफ़िज़ ने सुनी, दिल बाग़-बाग़ हो गया और दुआ में हाथ उठ गए।

'अल्लाह रहीम रहमत करे तुमपर, मिर्ज़ा नौशा।'

और गाते-गाते आगे बढ़ गए -

पत्ता पत्ता, बूटा बूटा, हाल हमारा जाने है
जाने न जाने, गुल ही न जाने, बाग़ तो सारा जाने है,

चारा गरी बीमारी दिल की, रस्में शहरे हुस्न नहीं
वरना दिलबरे नादां भी इस दर्द का चारा जाने है,

महरो वफ़ा लुत्फ़ओ इनायत - एक से वाक़िफ़ उनमें नहीं
और तो सब कुछ तंज़ओ किनाया - रमज़ओ इशारा जाने है।

चार

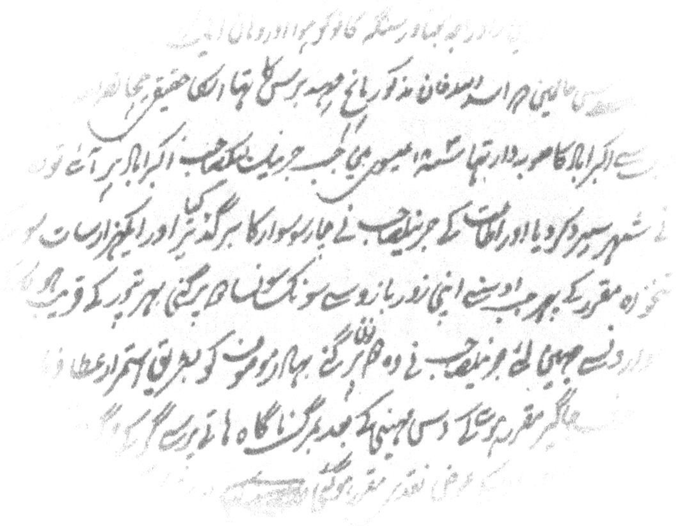

1

दिल्ली की दिवाली-जगह-जगह फ़ानूस जल रहे थे। गली-कूचों में चिराग़ान, घरों में भी, दुकानों में भी।

मिर्ज़ा ग़ालिब, दिवाली पर अपने अज़ीज़ दोस्त और शायर हरगोपाल तफ़्ता के घर दावत पे थे और उन दिनों का चलन था कि बनियों और कायस्थ घरानों में दिवाली पर जुआ खेलना अच्छा माना जाता था।

अब की बाज़ी फिर मिर्ज़ा ग़ालिब ने जीत ली तो, तफ़्ता ने दाद दी-

'उस्ताद! दिवाली पर तो आप हर साल जीतते हैं।'

'भाई मिर्ज़ा तफ़्ता! जीतता तो मैं ईद पर भी हूँ। बस कि ईद पर रस्म नहीं जुआ खेलने की।'

मेहमानों में से एक ने कहा –

'ईद भी कौन सी दूर है। अगली पंद्रहवीं में पड़ेगी।'

दूसरे ने मज़ाक किया –

'आप भी कहाँ रस्मओ रिवाज़ मानते हैं, मिर्ज़ा।'

'यूँ न कहो, भाई, सभी रस्में मानता हूँ। इसलिए किसी एक रस्म का क़ायल नहीं।'

सभी हँस पड़े। इस बीच लक्ष्मी-पूजा के मंत्र सुनाई दिए। खेल अभी जारी था। पुजारी आ गया और सभी मेहमानों को तिलक लगाया, एक मिर्ज़ा ग़ालिब को छोड़ाकर। मिर्ज़ा ग़ालिब ने आवाज़ दी –

'पुरोहित जी, हम पूजा नहीं करते लक्ष्मी देवी की। मगर उसके क़ायल तो हैं...तिलक हमें भी लगा दीजिए, बड़ी ज़रूरत है उनके आशीर्वाद की, उनकी रेहमत की।'

पुरोहित जी ने मिर्ज़ा ग़ालिब को तिलक लगाया। मिर्ज़ा ग़ालिब ने कुछ

पैसे पूजा की थाली में डाल दिए। एक मेहमान ने तारीफ़ की –

'तिलक लगाकर बड़े ख़ूबसूरत लगते हो, मिर्ज़ा नौशा।'

मिर्ज़ा ने शान से कहा–

'पूरा हिंदुस्तानी लगता हूँ। बचपन में बंसीधर के घर पर पूरियाँ खाने के लिए हर पूजा में पहुँच जाया करता था। तिलक लगवाकर बंसीधर से ज़्यादा हिंदू लगता था।'

इस बीच हरगोपाल के साहबज़ादे ने आकर कहा –

'पिताजी, मेरा अनार जला दीजिए ना।'

'अरे भई, ख़ुद जलाओ जाकर। हमें खेलने दो।'

मिर्ज़ा ग़ालिब ने सिफ़ारिश की –

'तफ़्ता, जाओ भई मदद करो अपने बच्चे की।'

'आपकी बाज़ी तो फिर चुकी, आप जाएं।'

ग़ालिब खड़े हो गए और लड़के से कहा –

'चलो बेटा, हम जलाते हैं।'

आँगन में सभी बच्चे जमा थे। आस-पास चिराग़ान था। तुलसी पौधे के पास पूजा का दीया, अगरबत्ती और धूप जल रहे थे। ग़ालिब ने कहा –

'महाताबी दो...'

लड़के ने अनार मिर्ज़ा ग़ालिब को दे दिया। ग़ालिब बच्चों के खेल में शामिल हो गए। अनार को दियासलाई लगाई और बच्चों को ज़ोर देकर कहा –

'दूर हटो...हटो।'

और कितनी ही रंगों की चिनगारियाँ उगलता हुआ अनार अच्छा लग रहा था। मिर्ज़ा ग़ालिब नज़ारा देखते रहे और इस बीच माज़ी के दरीचे खिल गए।

ऐसी ही दिवाली की रात थी बरसों पहले, शहर आगरा में। उस दिवाली की रात में सभी बच्चे असद, यूसुफ़, उमराव, बंसीधर आतिशबाज़ी देख रहे थे। फुलझड़ियाँ जला रहे थे। छोटे असद ने एक अनार नन्ही-सी-उमराव जान को देते हुए कहा –

'उमराव जाओ न, अनार जलाओ। बंसीधर, उमराव को अनार जलाने दो।'

'हमें डर लगता है।' छोटी-सी उमराव सचमुच डर रही थी।

'डर काहे का? हम हैं न।'

उमराव झिझकते हुए आगे बढ़ी, अनार जलाया। असद ने शैतानी में एक फुलझड़ी उसके दुपट्टे से बाँध कर उसको जलाया। उमराव चीख़ पड़ी –

'अम्मी...'

और दुपट्टा वहीं फेंक कर भागी। असद और बाक़ी बच्चे हँसते रहे। पास में एक पटाखा फूटा।

मिर्ज़ा ग़ालिब असद के बचपन की बातों को भूलकर वापस हरगोपाल तफ़्ता के आँगन में आ गए। तफ़्ता के बेटे का डर जाता रहा। अब वह तरह-तरह की फुलझड़ियाँ, पटाखे, चकरी जला रहा था। मिर्ज़ा ग़ालिब की अब वहाँ ज़रूरत न थी। वे लौट आए।

2

रात को मिर्ज़ा ग़ालिब गली क़ासिम जान लौट आए। दरवाज़े के पास पहुँचे थे कि दूसरी तरफ़ से सुखानंद का मुलाज़िम चंदन और एक मुलाज़िम मिर्ज़ा साहब के घर से बाहर आ गए। चंदन ने मिर्ज़ा ग़ालिब को सलाम किया –

'सलाम मिर्ज़ा साहब।'

'सलाम, कहो चंदन, मिठाई भेजी है सुखनंदजी ने?'

मिठाई का नाम सुनकर पास से गुज़रते मियाँ रमज़ानी ठिठक गए।

'जी...'

'हमारी तरफ़ से शुक्रिया और मुबारकबाद पहुँचा देना।'

मिर्जा ग़ालिब ने दोनों को बख़्शिश दी। दोनों चले गए। अब रमज़ानी मियाँ मिर्ज़ा के क़रीब आ गए –

'मिर्ज़ा, दिवाली की मिठाई खाएंगे आप?'

मिर्ज़ा मुस्करा दिए और पूछा –

'बर्फ़ी है। खाएंगे आप?'

रमज़ानी को अच्छा नहीं लगा।

'तुम मुसलमान होकर...'

'बर्फ़ी हिंदू है?'

'और क्या।'

'और जलेबी?...वह किस ज़ात की है? खतरी...शिया? या सुन्नी?'

रमज़ानी मियाँ को जवाब पसंद नहीं आया। वह नाराज़ होकर चला गया। मिर्ज़ा ग़ालिब ने चिढ़ाते हुए एक शेर कहा –

बनाकर फ़क़ीरों का हम भेस ग़ालिब!
तमाशाये अहले करम देखते हैं।

और घर के भीतर चले गए।

3

महरौली (दिल्ली) में एक सराय और उसके पास अमराई में, ग़ालिब अपनी पेंशन और जागीर के बारे में अपने चचाज़ाद भाई शम्स से बातचीत कर रहे थे। ज़ाहिर है कि शम्स ने ही उन्हें बुलाया था। शायद शम्स के मन में कुछ और था और वह मिर्ज़ा को समझाने की कोशिश कर रहा था।

'पेंशन का मामला, असद भाई, होते-होते होगा। सारा मामला अब फ़िरंगियों के हाथ में है। कमिश्नर से रेज़ीडेंट से गवर्नर। गवर्नस से गवर्नर जनरल...कोई भरोसा नहीं, कल कह दें, इंगलिस्तान जाओ मलका विक्टोरिया के पास।'

'तुमने तो सुना है, अंग्रेज़ी भी सीख ली है, शम्स। तुम भी समझा नहीं पाए उन्हें।'

'यस सर, नो सर कहना सीखा। लेकिन ये फ़िरंगी कमबख़्त भी कमाल के हैं। अच्छी-ख़ासी उर्दू बोलने लगे हैं। फ्रेज़र ने बाक़ायदा उस्ताद रख लिए हैं।'

'फ्रेज़र कौन है?'

'इस वक़्त का कमिश्नर है दिल्ली का और सुना है, जल्दी ही रेज़ीडेंट बनने वाला है।'

'विलियम फ्रेज़र...हाँ मिला हूँ...कहता है, पूरा मामला शुरू से आख़िर तक तहरीर करके दो। ताकि वह कलकत्ता गवर्नर जनरल के पास भेज सके। फ़ैसला उसके बाद ही हो सकेगा।'

सराय का नौकर तिपाई लाकर रख गया। दूसरा नौकर शराब और प्याला लेकर आ गया। शम्स ने अपना गिलास बनाया।

'तो मामला तहरीर करवाया तुमने? या मैं तहरीर कर दूँ।'

'हाजी ख़ान से कहा था, वह काग़ज़ात तैयार कर दे।'

हाजी का ज़िक्र मिर्ज़ा को अच्छा नहीं लगा। कौन है ये हाजी, जो खुद को जागीर समझता है।

'लेकिन हाजी...हाजी क्यूँ?'

शम्स ने इशारे से चुप रहने के लिए कहा और फिर राज़दाराना अंदाज़ में बयान किया –

'फ़िलहाल काम तो निकल जाने दो। सारी भाग-दौड़ वही कर रहा है। बाक़ी बात बाद में देख लेंगे।'

शैतान का नाम लो, शैतान हाज़िर। सराय से हाजी ख़ान आता दिखाई दिया। उसके हाथ में काग़ज़ों को पुलिंदा था। शायद तीसरी कुर्सी और तीसरा प्याला उसी के लिए था। ग़ालिब हैरान। शम्स ने जब मिलने की बात की थी तो हाजी का कोई ज़िक्र नहीं किया था। उन्हें अच्छा नहीं लगा...मिलीभगत थी दोनों की, इसीलिए ग़ालिब को बुलाया था शम्स ने। मिर्ज़ा ने शम्स की तरफ़ देखा। शम्स नज़रें चुरा रहा था। इतने में हाजी ख़ान उनके पास आकर बैठ गया।

'तसलीम मिर्ज़ा नौशा।'

ग़ालिब ने आदाब का जवाब दिया हाथ से, लेकिन मुँह से कुछ नहीं कहा। शम्स प्याला भरने लगा। शम्स ने एक और पासा फेंका –

'फ्रेज़र ने यक़ीन दिलाया है कि रेज़ीडेंट से कहकर कुछ रुपये वह अभी

सरकारी ख़ज़ाने से भुगतान करा देगा।'

शम्स ने एक प्याला हाजी को दे दिया और एक मिर्ज़ा के सामने रखा। मिर्ज़ा ने प्याला दूर सरका दिया।

'नहीं, मैं दिन में नहीं पीता।'

शम्स ने इसरार किया। हाजी भी यही चाहते थे। मिर्ज़ा को लगा कि उन्हें शीशे में उतारने की कोशिश हो रही है।

'शराब अच्छी है। यहीं महरौली में छनती है।'

मिर्ज़ा ने इन्कार किया। हाजी ने देखा, उनका वार ख़ाली गया। उसने बात बदली –

'मिर्ज़ा नौशा सिर्फ़ स्कॉटलेंड की शराब पीते हैं... ओलड टौम... मेरठ छावनी में मिलती है।'

'बहुत महँगी होगी?'

'जी हाँ। पूरे आठ आने की बोतल है।'

मिर्ज़ा ने इस गुफ़्तगू में कोई शिरकत नहीं की। वे साफ़-साफ़ बात करना चाहते थे। क्योंकि ख़ुद साफ़गों थे। शम्स और हाजी सियासत की बात कर रहे थे।

मिर्ज़ा ने संजीदगी से पूछा –

'रुपये कब तक मिल जाएंगे?'

'चार-पाँच रोज़ में। इंशाअल्लाह ईद से पहले ही मिल जाएंगे। लेकिन इस दरख़्वास्त पर तुम्हारे दस्तख़त ज़रूरी हैं। उसके बग़ैर... शायद...'

हाजी ने काग़ज़ात मिर्ज़ा के सामने रख दिए। मिर्ज़ा ने काग़ज़ात पर नज़र डाली, लेकिन पढ़ने की बिलकुल कोशिश नहीं की। उन्होंने पूछा –

'दस्तख़त कहाँ करने हैं?

हाजी ने दरख़्वास्त का आख़िरी पन्ना दिखाया। क़लम-दवात का पहले से इंतज़ाम किया गया था। मिर्ज़ा ने दस्तख़त कर दिए। हाजी और शम्स ख़ुश थें वे एक शरीफ़ आदमी को घेरने में कामयाब हो गए थे। मिर्ज़ा उठे। न दोनों की तरफ़ देखा, न ही आदाब किया। सीधे पास ही छावनी में घोड़े की तरफ़ गए। घोड़े पर बैठे और चल दिए।

4

मिर्ज़ा का मकान और मकान में उमराव बेगम की ख़्वाबगह। बेगम पलंग पर लेटी हुई थीं और मिर्ज़ा उनकी पीठ पर गावतकिया लगा रहे थे। मिर्ज़ा का पूरा ध्यान बेगम की तरफ़ था। ख़ासकर जब वह उम्मीद से थीं। लेकिन बेगम शम्स और हाजी को लेकर बहुत बिगड़ी हुई थीं उन्होंने अपना सारा गुस्सा मिर्ज़ा पर उतारा।

'शायरी कर लेने से आदमी समझदार नहीं हो जाता...कुछ दुनिया के तेवर भी समझते हैं आप?'

मिर्ज़ा ने मुस्कराकर जवाब दिया।

'तो बताएं, मैं क्या करता? काग़ज़ात आपके पास लेकर आता?'

'क्यूँ? वे आपके हैं न...हीरालाल...वे किस मर्ज़ की दवा हैं?...दो टोक कह देते कि उन्हें दिखा लूँ तो दस्तख़त कर दूँगा।

मिर्ज़ा उनकी बग़ल में आकर बैठ गए।

'अब इतने बल न डालो पेशानी पर, बेगम! होनवाले के माथे पर भी सलवटें आ जाएंगी।'

'आप भी तो हमें परेशान किये बग़ैर नहीं रहते।'

'आप क्यूँ पेरशान होती हैं।'

इतने में दरवाज़े पर दस्तक सुनाई दी। मिर्ज़ा ने उन्हें मनाने की कोशिश की -

'अच्छा बेगम! पीर के रोज़ जाऊँगा महरौली, रुपये तल्ब करूँगा। न दिए तो काग़ज़ात वापस ले लूँगा।'

बेगम मिर्ज़ा की चिकनी-चुपड़ी बातों में नहीं आईं और बिगड़ गईं-

'हाँ, जैसे दे ही देंगे। हाथ लगी बटेर कोई लौटाता है क्या?'

मिर्ज़ा ने अपने दिल की बात कही...साफ़...दो टूक -

'उनका ईमान वे जानें। मैं अपना ईमान ख़राब क्यूँ करूँ? वह भी एक बटेर चार के पीछे...'

वफ़ादार दाख़िल हुई। दस्तक भी उसी ने दी थी। वफ़ादार जानती थी कि

ऐसे मौक़े पर बिलकुल अंदर आना नहीं चाहिए, लेकिन मजबूर थी।

'बीबी जी, दाई बी आई हैं मालिश के लिए।'

'हाँ, बुला लो।'

मिर्ज़ा खड़े हो गए -

'हम चलते हैं। किस रोज़ की उम्मीद है?'

उमराव लजाईं -

'इन्शाह अल्लाह, ईद के रोज़।'

'फिर तो ईद दूनी हो जाएगी।'

आँगन से गुज़रते हुए उनकी नज़र पिंजरे में बंद तोते पर पड़ी। गर्दन झुकाए पड़ा था। मिर्ज़ा ने ख़ामोश देखकर पूछा -

'अरे मियाँ मिट्ठू! आपके न जोरू, न बच्चे। आप क्यूँ सर झुकाये बैठे हैं?'

5

महरौली की सराय, वही अमराई। शम्स और हाजी, मिर्ज़ा ग़ालिब के सामने खड़े थे। तिपाई पर पैसों की दो थैलियाँ। ग़ालिब के मुँह में हुक़्क़े की नय। शम्स ने थैलियाँ उनकी तरफ़ बढ़ा दीं।

'ये लो असद भाई, साढ़े साता सौ हैं। चार सौ इसमें, साढ़े तीन सौ इसमें।'

ग़ालिब ने दोनों थैलियाँ उठा लीं।

'और तुम मियाँ हाजी, कब लौट रहे हो आगरा?'

'कल सुबह रवाना हो जाऊँगा।'

'तुम हमारा एक काम कर देना। ये साढ़े तीन सौ रुपए यूसुफ़ भाई को दे देना। यूसुफ़ मिर्ज़ा को जानते हो न।'

और फिर वह शम्स से मुख़ातिब हुए -

'और शम्स, तुम्हारी सवारी लिए जाता हूँ। मेरठ जाना है। वहाँ से वापस आने पर भिजवा दूँगा।'

शम्स इंकार न कर पाया –

'ले जाओ... मेरठ में क्या काम है?'

मिर्ज़ा ज़रा मुस्कुराए, लेकिन कुछ कहा नहीं। बस 'ख़ुदा हाफ़िज' कहकर चल दिए।

हाजी ने शम्स की बात का जवाब दिया –

'मेरठ छावनी में अंग्रेज़ी शराब मिलती है, हुज़ूर। पैसे हाथ आए हैं तो और कहाँ जाएंगे मिर्ज़ा नौशा?'

'तो बाक़ी रुपयों की शराब ख़रीद लेंगे क्या?'

'कितनी ख़रीदते हैं, यह तो वही जानें।'

6

घर के सामने पहुँचकर मिर्ज़ा ने गधे वाले को रुकने के लिए कहा –

'तुम यहीं ठहरो! मैं मुलाज़िम को भेज देता हूँ और हाँ, सम्भालकर उतारना।

काँच का सामन है पेटियों में।'

मिर्ज़ा घर में दाख़िल हुए। आँगन में आकर मिर्ज़ा ने कल्लू को आवाज़ दी –

'कल्लू मियाँ!'

कल्लू मियाँ शायद कहीं और काम में लग थे। वफ़ादार हाज़िर हो गई –

'फ़लमाए हुजूल। (फ़रमाएं हुज़ूर)'

'कल्लू मियाँ कहाँ हैं? उनसे कहो, बाहर कुछ पेटियाँ लदी हैं गधे पर, उतरवा लें।'

'क्या लाये हैं, हुजूल (हुज़ूर)।'

'आपके काम की चीज़ नहीं है, वफ़ादार।'

इतने में कल्लू मियाँ हाज़िर हुए।

मिर्ज़ा ने राज़दाराना लहजे में कहा –

'सुनो कल्लू मियाँ। बाहर पेटियों में शराब की बोतलें हैं, उतरवा लो और

ज़रा एहतियात से उठवा कर ऊपर कमरे में पहुँचा देना।'

'जी हुजूर।'

कल्लू सामान उतरवाने चला गया।

मिर्ज़ा ने वफ़ादार से पूछा –

'बेगम अकेली हैं अंदर? जा सकता हूँ मैं?'

'ज़रूर तश्लीफ़ (तशरीफ़) ले जाएं। सुबह से केय बार पूछ चुकी हैं, आप महरौली से लौटे कि नहीं।'

मिर्ज़ा बेगम के कमरे में दाख़िल हुए। उमराव लेटी हुई थीं पलंग पर, उठ बैठीं –

'बड़ी देर कर दी लौटने में ? कहाँ रह गए थे?'

मिर्ज़ा के चेहरे पर मुस्कान बिखरी। वे पास पलंग पर बैठ गए –

'यूँ ही ज़रा मेरठ छावनी का फेरा लगाने गया।'

'रुपये दिए शम्स ने?'

'हाँ, साढ़े सात सौ दिए। आधे यूसुफ़ मिर्ज़ा को भिजवा दिए, हाजी के हाथ।'

उमराव बेगम ने माथा पीटा। मिर्ज़ा की समझ में नहीं आया कि अब वे कहाँ चूके।

'अब कौन-सी ग़लती की हमने उमराव दबी आवाज़ में चीख़ पड़ी।?'

'हाजी क्या पहुँचाएगा यूसुफ़ मिर्ज़ा को?'

मिर्ज़ा इस बात का क्या जवाब देते। अब हर एक पर शक करे आदमी तो जिएगा कैसे। वे आगे आए और पेट को छू लिया। फिर कहा –

'आहिस्ता बोलिये।'

बेगम ने उनकी तरफ़ देखा जैसे पूछ रही हों, क्यों।

'ये आनेवाला सुन लेगा। समझेगा, आप बहुत सख़्त मिज़ाज की अम्मी हैं।'

लेकिन अमराव बेगम के मिज़ाज में कोई नरमी नहीं आई। वे अभी भी गुस्से में थीं –

'आप भी हद करते हैं। हाजी पर कैसे एतबार कर लिया आपने?'

'भई, जब पैसे देने में बेईमानी नहीं की तो पहुँचाने में क्यूँ करेगा?'

इस बात का जवाब उमराव बेगम के पास न था, लेकिन जाँच पड़ताल अभी जारी थी। उन्होंने दूसरा सवाल किया –

'और बाक़ी रुपायों का क्या किया?'

मिर्ज़ा खड़े हो गए। मुजरिम की तरह, सफ़ाई देने के लिए। कहा –

'बनिये का पिछला उधार चुकता कर आया।'

तीसरा सवाल –

'और बज़ाज़?'

'वह भी चुकता कर दिया।'

चौथा सवाल...यह टाल वाले के बारे में था, जहाँ से इंधन, कोयला आता था।

'और टाल का?'

'टाल दिया।'

चौथे जवाब में ग़ालिब ने हक़ीक़त बयान की। लेकिन उमराव पसीजने वाली नहीं थीं।

'दे दिया भई, सब दे दिया।'

'और बाक़ी?...'

मिर्ज़ा को सच बोलना पड़ा।

'बाक़ी की शराब ले आया।'

जाँच अभी जारी थी।

'वह क्यूँ?'

'पैदा करनेवाले ने रोज़ी-रोटी का वादा किया है। खाने को वह दे देगा, पीने का वादा नहीं किया, सो मैं खुद ही ले आया।'

एक लम्बी साँस लेकर उमराव ख़ामोश रह गईं। मिर्ज़ा इस ठंडी साँस से वाक़िफ़ थे। उसकी तकलीफ़ जानते थे। अब उन्होंने जो वजह बताई वह साफ़ और सच थी।

'देखो बेगम, दोस्त, यार दावत माँग रहे हैं। वादा किया है इस बार दोहरी ईद मानाऊँगा। बताओ, अब दावत में शराब न हुई तो कोई क्यूँ

आने लगा हमारे यहाँ। ख़ुदा लगती कहा...आनेवाले का इस्तक़बाल नहीं करोगी?'

उमराव ख़फ़ा तो न थीं। लेकिन माथे पर फ़िक्र की एक शिकन उभर आई –

'कुछ पैसे हाथ में रहते ईद पर, तो क्या बुरा था?'

'और आ जाएंगे बेगम। ईद से पहले ही बंसीधर आनेवाले हैं। मेरा दीवान लेकर गए हैं लखनऊ। कुछ तो बयाना लेकर आएंगे।'

उमराव ने मिर्ज़ा की तरफ़ देखा, लेकिन कहा कुछ नहीं।

7

दीवान का मस्वदा मेज़ पर पड़ा था। बंसीधर ने ख़त नहीं लिखा। ख़ुद बताने चले आए, ग़ालिब ने पूछा –

'नवल किशोर वालों ने भी नहीं छापा।'

बंसीधर ने सर हिलाकर इंकार किया –

'कोई भी छापने को तैयार न हुआ? मैंने बहुत कोशिश की, असद।'

मिर्ज़ा ने आह भरीं

और धीरे-धीरे मुंडेर तक आए। कोई सहन में दाख़िल हुआ। वे दाई थीं। उसके हाथों में गर्म पानी का बर्तन था। उसके बाद सहन में हलचल मची। वफ़ादार फटे-पुराने कपड़े लेकर आई और अंदर चली गई।

कल्लू मियाँ लोबान जलाने लगे और वफ़ादार लेकर फिर अंदर चली गई। अब सहन में धुआँ ही धुआँ था। मिर्ज़ा फिर बंसीधर के पास आ गए और एक शेर कहा –

ज़िंदगी अपनी जब इस शक्ल में गुज़री ग़ालिब
हम भी क्या याद करेंगे कि ख़ुदा रखते थे।

मिर्ज़ा अभी बैठे ही थे कि नीचे से एक चीख़ सुनाई दी। वे मुस्कराए। लेकिन

फिर नीचे फूट-फूटकर रोने की आवाज़ें आईं। मिर्ज़ा के चेहरे पर फ़िक्र की लकीरें उभर आईं। बंसीधर खड़े हो गए, मिर्ज़ा दौड़ते हुए सीढ़ियाँ उतरकर नीचे आए, सहन पार किया। अंदर से दाई रोते हुए बाहर निकली। ग़ालिब ने बेदम होकर पूछा -

'दाई बी! क्या बात है?'

'अल्लाह के फ़ज़ल से उमराव ठीक हैं।'

दाई बी दीवार की तरफ़ मुँह करके रो रही थी। मिर्ज़ा धीरे-धीरे उसके सामने आकर खड़े हो गए। एक सुतून को पकड़े वफ़ादार सिसक रही थी, कल्लू बरामदे में बुत बना खड़ा था। ग़ालिब की आँखों में आँसू थे। उन्होंने दाई से पूछा -

'और बच्चा?'

बच्चा... मुर्दा पैदा हुआ...'

मिर्जा अंदर जाना चाह रहे थे, लेकिन दाई ने किवाड़ बंद किया। मिर्ज़ा ग़ालिब सकते में आ गए और दबी आवाज़ में पढ़ा -

'इंनलिल्लहे व इंना इलेहि राजिऊन।'

बंसीधर भी सहन में आ गए थे और उन्हें अनदेखा कर मिर्ज़ा वापस सीढ़ियाँ चढ़कर छत पर आ गए।

हवा के झोंके ने दीवान के मस्वेद को बिखेर दिया था। क़िताबत के पन्ने गली में जाने कहाँ-कहाँ उड़ गए। वाहिद एक पन्ना बचा था, जो अभी तक जिल्द से जुड़ा हुआ था। मिर्ज़ा ने वह पन्ना उठा लिया। उसे गौर से देखा। ग़ज़ल थी -

दिल ही तो है न संगो ख़िश्त, दर्द से भर ना आए क्यूँ
रोयेंगे हम हज़ार बार कोई हमें सताए क्यूँ।

मिर्ज़ा ने हाथ में बचा दीवान का आख़िरी पन्ना भी हवा में उड़ा दिया। बाक़ी अशार ज़हन में गूँजते रहे -

कैद-हयातव बंदे-ग़म, अस्ल में दोनों एक हैं
मौत से, पहले आदमी ग़म से निजात पाये क्यूँ,

ग़ालिब खस्त: के बग़ैर कौन से काम बंद हैं
रोइए ज़ार ज़ार क्या, कीजिए हाय हाय क्यूँ।

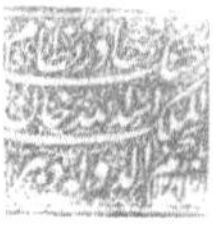

पाँच

1

दिल्ली का एक चंडूख़ाना-हर जगह धुआँ भरा हुआ था। उस धुएँ में कुछ चिराग़। कुछ शमाएं, कुछ शोले। कहीं-कहीं किसी नशेबाज़ का चेहरा-मुहरा दिखाई देता था। इनमें से एक नशाख़ोर ने दूसरे से कहा -

'फ़िद्दन।'

फ़िद्दन मियाँ भी नशे में थे।

'हाँ खुर्शीद।'

'अरे मियाँ, बड़े अरसे के बाद झाँका चंडूख़ने में... कहाँ रहे? पिछली बार ईद के मुशायरे में भी नज़र नहीं आए?'

फ़िद्दन अब पास आकर बैठ गया।

'कुछ कामों में लगे हुए थे। सुना है, ख़ूब रहा मुशायरा। सुना है, उस्ताद ज़ौक़ ने मुशायरा ही लूट लिया।'

'और क्या? यूँ ही बाशा (बादशाह) के उस्ताद नहीं हुए। क्या ग़ज़ल पढ़ी थी -

अब तो घबरा कर ये कहते हैं कि मर जाएंगे
मर गए पर न लगा जी, तो किधर जाएंगे।'

पास ही एक और शख़्स था, जो बनिये की दुकान में वफ़ादार को मिला था। उसने ख़ुर्शीद मियाँ से पूछा -

'अमां! वे नज़र नहीं आए, वे आगरे वाले?'

'मिर्ज़ा ग़ालिब?'

'हाँ वही।'

'अजी, वह काफ़िर क्यूँ आने लगा ईद के मुशायरे में। वह भी मीर का भाई है, उसी तरह निकाला जाएगा।'

'मतलब?'

फ़िद्दन ने टुकड़ा लगाया -

'क्यूँ मीर का शेर नहीं सुना -

मीर के दीनो मज़हब को, अब पूछते क्या हो उनसे तो
क़श्क़ा खेंचा, देर में बैठा, कब का तर्क इस्लाम किया।'

'बड़ी ही बेदीनी (नास्तिकों की-सी) बातें करता था।'

'अजी हमने तो सुना है, दीवाली बड़े ज़ोरों से मनाई मिर्ज़ा ने और ईद पर कुछ भी नहीं... घर में मातम बिछा हुआ था।'

फ़िद्दन मियाँ ने कान पकड़े -

'तौबा-तौबा, दीन ईमान का तो नाम ही उठता जा रहा है दुनिया से। ला छीनू, दे चिलम एक खुदा के नाम पे... लानत पड़े ऐसे काफ़िरों पे... कहाँ-कहाँ से आकर दिल्ली में बस जाते हैं।'

2

मेज़ पर कई चिट्ठीयाँ बिखरी पड़ी थीं, कुछ ख़त लिफ़ाफ़ों में बंद क़रीने से रखे थे। मोमबत्ती जल रही थी। आधी जल चुकी थी या यूँ कहिए, आधी मौजूद थी। रात-दिन रोज़ मानतास की सूरत में गुज़र रहे थे।

मिर्ज़ा अपने कमरे में बैठे कुछ सोच रह थे। गली से चौकीदार की आवाज़ आई - 'जागते रहो।'

दिल के वलवले मिर्ज़ा की ज़ाबन पर आ गये -

सब कहाँ, कुछ लालाओ गुल में नुमायाँ हो गईं
ख़ाक में क्या सूरतें होंगी जो पिन्हाँ हो गईं।

मिर्ज़ा अपने मृत बेटे के लिए फ़ातेहा (कुरान की पहली सूरत) पढ़ रहे थे। उसी ख़्याल में थे। वापस हाल में पहुँचे तो पास ही एक बोतल रखी हुई थी। बची हुई शराब एक गिलास में उँड़ेल ली।

> रँज से ख़ूगर हुआ इंसान तो मिट जाता है रँज
> मुश्किलें मुझ पर पड़ीं इतनी कि आसाँ हो गईं।

मिर्ज़ा ने गिलास उठाया और एक ही घूँट में पी गए।

> यूँ ही गर रोता रहा ग़ालिब तो ऐ अहले जहाँ
> देखना इन बस्तियों को तुम, कि वीराँ हो गईं।

3

कल्लू मियाँ ने मिर्ज़ा साहब के लिए सुबह का नाश्ता तैयार किया। उमराव बेगम भी रसोई में थीं और कई देगों और पतीलियों से कबाब और दूसरे पकवान निकालकर तश्तरियों में सजा लिए। इतने में बाहर से आवाज़ आई, जिसे उमराव पहचानती थी।

'माई...।'

'आज सह शंबा है? मंगलवार?' उमराव ने वफ़ादार से पूछा।

'जी बीबी जी।'

'यह ब्रहमन हर मंगलवार को आता है। जा तू आटा देकर आ जा।'

वफ़ादार एक कटोरा आटा लेकर बाहर जाने लगी। फिर सूरदास की आवाज़ आई –

'माई!'

'आ लही हूँ ठहलो। (आ रही हूँ ठहरो)।'

कल्लू मियाँ एक थाल में तश्तरियाँ, कटोरे लेकर गया, मिर्ज़ा के कमरे की

तरफ़। ऊपर जाकर देखा कि दरवाज़ा पूरी तरह से खुला हुआ नहीं है। कल्लू मियाँ ने आवाज़ दी –

'हाज़िर हो सकता हूँ, हुज़ूर।'

अंदर से कोई जवाब नहीं आया। कल्लू ने अंदर झाँका, इधर-उधर देखा। छत पर भी देखा, उसने वहीं से उमराव बेगम को आवाज़ दी-

'बीबी साहिबा, हुज़ूर तो नहीं हैं कमरे में।'

उमराव बेगम बाहर बरामदे में आ गईं। समझ गईं कि बाहर चले गए।

'अल्लाह!...फिर बग़ैर खाए-पीए निकल गए कहीं।'

कल्लू नीचे आ गया –

'कुछ अरसे से बहुत पेरशान नज़र आते हैं आक़ा।'

'जब से बच्चे का इंतक़ाल हुआ है, अलग-अलग रहने लगे हैं मुझसे। अल्लाह जाने, मुझसे क्यूँ ख़फ़ा हैं?'

कल्लू ने हौसला दिया –

'लो...आपसे क्यूँ ख़फ़ा होने लगे? परेशान हैं इसलिए सुबह से हाजी मीर की दुकान पर जा बैठते हैं। वहीं क़िताबों में सर डुबो कर दिन काट देते हैं।'

4

दिल्ली में हाजी मीर की दुकान काफ़ी मशहूर थी। उर्दू, फ़रसी और अरबी की क़िताबें बिकती थीं। ऐसे कुतबख़ानों में पुराने दीवान, मसनवियाँ, कुलयात और दीगर मजमूये (संकलन) बहुत मिलते थे। दुकान के पिछले हिस्से में एक तख़्त पर पोश बैठे मिर्ज़ा ग़ालिब ऐसी ही कोई क़िताब पढ़ रहे थे। उनकी नज़रें क़िताब पर ज़रूर थी, लेकिन वे ख़ुद कहीं और ही थे। हाजी मीर साहब उनके पास आए और पूछा –

'कुछ रोज़ से मायूस नज़र आते हो, नौशा मियाँ। क्या हुआ?'

मिर्ज़ा ने कोई जवाब नहीं दिया।

'हौसला रखिए, कोई-न-कोई सूरत निकल आएगी।'

कोई उम्मीद बर नहीं आती
कोई सूरत नज़र नहीं आती।

मिर्ज़ा ने आँखें मलीं। वे रात भर नहीं सोए थे।
'लगता है रात सोए नहीं?'

'मौत का एक दिन मुअइयन है
नींद क्यूँ रात भर नहीं आती।

हाजी मीर मुस्कुरा दिए।
'ताज़ा कलाम है? एक काग़ज़ पर लिख दो। मैं सम्भाल लूँगा। कितने कलाम तुमने ऐसे ही ज़ाय (बरबाद) कर दिए।'
हाजी मीर ने मिर्ज़ा की तरफ़ काग़ज़ बढ़ाया। मिर्ज़ा ने ताज़ा कलाम लिख दिया। लिखते-लिखते कह बैठे -
'मीर साहब! सोचता हूँ, लखनऊ चला जाऊँ। शायद नवाब नसीरूद्दीन हैदर के दरबार में जगह मिल जाएं'
'इस मुग़ालते में न रहो, मिर्ज़ा। दिल्ली-लखनऊ का तो ईंट-रोड़े का बैर है। दिल्ली वालों को तो लखनऊ वाले शेर नहीं पढ़ने देते अपने शहर में।'
'मैं तो दिल्ली वाला भी नहीं।'
'यह दुरुस्त है कि तुम आगरा के हो लेकिन...'
'आगरे का भी नहीं, मीर साहब। मैं तो उस चमन का बुलबुल हूँ जो अभी पैदा ही नहीं हुआ -

हूँ गर्मिए निशाते तस्सुवर से नग़मा संज
मैं अंदलब-ए-गुलशन-ए-ना आफ़रीदा हूँ।

हाजी ने अशार वाला काग़ज़ उठा लिया।
'क्या वह चमन भी पैदा होगा कभी?'

'हाँ मीर साहब!...दिल्ली, लखनऊ, आगरा, इलाहबाद, हैदराबाद - इन सबकी कोख से अगर कभी एक हिंदुस्तान पैदा हुआ तो उस चमन की शाख़ा पर मुझे भी आशियाने की जगह मिल जाएगी। मैं उर्दू का शायर हूँ, मीर साहब, किसी एक शहर का नहीं...और उर्दू इस मुल्क की ज़बान है। यहाँ की आवाम की ज़बान है। क़िले की, या नवाबों की, शाहों की नहीं।'

हाजी मीर सुनते रहे और हैरत से देखते रहे, यह शख़्स क्या? कौन है? अदब पे, ज़िंदागी पे, गुफ़्तगू करता है। वक़्त और हालात पर नुक़्ताचीनी, चर्चा, बहस करता है।

सचमुच हम उन्हें कहाँ जानते हैं। वक़्त और ज़माना उन्हें कहाँ पहचानता है...अपनी जूती फटफटाते मिर्ज़ा ग़ालिब कहीं निकल रहे थे। दुकान से बाहर आते ही एक आवाज़ ने उन्हें झँझोड़ दिया। एक मिसरा उनके कानों से टकराया।

दिल ही तो है न संगे ख़िश्त, दर्द से भर ना आये क्यूँ'

मिर्ज़ा ने पहचाना। उनका ही कलाम था। हाजी मीर उनके पास आकर खड़े हो गए।

'कहाँ खो गये, मिर्ज़ा? ये शेर आप ही का है।'

'कही सुन रहा हूँ...अपना शेर दिल्ली में...पहली बार...किसी और की ज़बान से।'

फिर दूसरा मिसरा सुनाई दिया। हाजी ने मकान के ऊपर कोठे की तरफ़ इशारा करते हुए कहा -

'लेकिन ग़ज़ल आपकी बालाख़ाने तक कैसे पहुँची?'

'वही सोच रहा हूँ, ज़मीन की चीज़ आसमाँ की तरफ़ किसने उठा दी।'

ग़ज़ल चलती रही, मिर्ज़ा दुकान से उतरकर कोठे की सीढ़ियाँ चढ़ गए।

5

'देर नहीं, हरम नहीं, दर नहीं आसतां नहीं
बैठे हैं रह गुज़र पे हम...'

ग़ज़ल रुक गई।

कोठे के अधखुले दरवाज़े पर चिलमन पड़ी थी। चुक उठाने की ज़रूरत ही न पड़ी। मिर्ज़ा ग़ालिब ने देखा, एक ख़ूबसूरत जवान लड़की उनकी ग़ज़ल गा रही थी। लड़की को लगा कि दजवाज़े पर कोई आदमी है। उसने वहीं से आवाज़ दी –

'कौन? कहिए कौन हैं आप?'

मिर्ज़ा हिचकिचाये –

'माफ़ कीजियेगा मोहतर्मा...ये ग़ज़ल सुनकर चला आया।'

नवाब जान दरवाज़े तक आई, लेकिन चिलमन के पीछे खड़ी हो गई।

'किस की ग़ज़ल है, जानते हैं?'

'हाँ, एक दोस्त हैं मेरे मिर्ज़ा ग़ालिब, उन्हीं के अशार हैं। लेकिन आपको कहाँ मिले?'

नवाब जान हँसी। उसमें जानदार खनक थी।

'किसी ने चूरन लपेट के दिया था। इस पुरज़े में, वक़्ता नहीं है। एक शेर मिट गया, एक फट गया...आगे का शेर भी अधुरा है।'

नवाब जान ने पुरज़ा निकाला और मिर्ज़ा को दिखाया। दीवान का यह वही पन्ना था जो ग़ालिब के घर से गली में उड़ गया था। ग़ालिब ने पूरा शेर कह सुनाया –

'हाँ वो नहीं ख़ुदा परस्त, जाओ वो बेवफ़ा सही
जिसको हो दीनओ-दिल-अज़ीज़, उसकी गली में जाए क्यूँ।'

नवाब जान ने शेर दोहराया। मिर्ज़ा देखते रहे। फिर अपनी बयाज़ में दर्ज करने

के लिए नवाब जान काग़ज़-क़लम लेकर आ गई।

'इजाज़त हो तो दर्ज कर लूँ?'

ग़ालिब ने शेर दोहराया।

'हाँ वो नहीं ख़ुदा परस्त, जाओ वो बेवफ़ा सही
जिसको हो दीनओ-दिल-अज़ीज़, उसकी गली में जाए क्यूँ।'

नवाब जान के मुँह से बोसाख़्ता वाह निकली - मुँह से भी, दिल से भी, रूह से भी।

'हाय अल्लाह-वाह

ग़ालिब ने मक़्ता कहा-

'ग़ालिब ख़स्ता के बगैर, कौन से काम बंद हैं।'

नवाब जान ने दोहराया, अपनी खनकदार आवाज़ में -

'ग़ालिब ख़स्ता के बगैर, कौन से काम बंद हैं।'

'ग़ालिब ने शेर मुकम्मिल किया -

'रोइए ज़ार ज़ार क्या, कीजिए हाय हाय क्यूँ।'

अब ग़ालिब रुके नहीं, सीढ़ियाँ उतरने लगे। नवाब जान भागी-भागी कमरे से बाहर आ गई। उसने सीढ़ियों से ही आवाज़ दी। ग़ालिब आधी सीढ़ियाँ उतर चुके थे। सदा सुनी, नवाब जान ने सवाल किया -

'सुनिये, कौन हैं...ग़ालिब?'

ग़ालिब फिर सीढ़ियाँ उतरने लगे। सवाल का जवाब दिया दबी आवाज़ में -

'पूछते हैं वो कि ग़ालिब कौन हैं।
कोई बतलाओ कि हम बतलाएँ क्या?'

6

मिर्ज़ा ग़ालिब लौटकर दुकान में दाख़िल हुए।
मीर साहब ने पूछा -
'मुलाक़ात हुई?'
'मीर साहब! जो शेर गलियों में फ़क़ीर गायें और बालाख़ाने पर तवायफ़ें, उस शेर को कौन मार सकता है?'
इस दौरान ऊपर के कोठे से आलाप सुनाई दी। दोनों ने कोठे की जानिब देखा।

7

शायद उसी दिन की बात है या अगले रोज़ की, नवाब जान एक कोरे काग़ज़ पर ग़ालिब की ग़ज़ल लिख रही थी और गुनगुना रही थी। गुलरेज़ ने खिड़की से झाँककर देखा। उनकी सीढ़ियों पर एक पठान बैठा हुआ था। लहीम शहीम... गुलरेज़ भागी-भागी नवाब जान के पास आई।
'बाजी... बाजी...'
लेकिन बाजी का ध्यान ग़ज़ल पर था।
'बाजी, वह पठान फिर आकर सीढ़ियों पर बैठा है।'
'छोड़ो, कितनी बार मना किया। क्या करें? बैठा रहने दो।'
गुलरेज़ को नवाब जान की यही बात अच्छी नहीं लगती। उधर बेचारा पठान कब से सीढ़ियों पर बैठा है, इधर बाजी कब से मिर्ज़ा ग़ालिब की ग़ज़ल लिख रही है।
'फिर वही ग़ज़ल-सुबह से दस बार लिख चुकी है।'
लेकिन नवाब जान को चैन कहाँ। उसने पूरी-की-परी ग़ज़ल गाई -

'दिल ही तो है न संगओ खिस्तः, दर्द से भर न आये क्यूँ
रोयेंगे हम हज़ार बार कोई हमें सताये क्यूँ

देर नहीं, हरम नहीं, दर नहीं, आस्ता नहीं
बैठे हैं रहगुज़र पे हम, कोई हमें उठायें क्यूँ

हाँ वो नहीं ख़ुदा परस्त, जाओ वो बेवफ़ा सही
जिसको हो दीनओ-दिल अज़ीज़, उसकी गली में जाए क्यूँ

ग़ालिबे - ख़स्ता के बग़ैर कौन से काम बंद हैं
रोइए ज़रा ज़रा क्या, कीजिए हाय हाय क्यूँ।'

छः

1

मस्जिद के पासवाले नुक्कड़ पर मुर्ग़ों की लड़ाई हो रही थी। खिलाड़ी अपने-अपने मुर्ग़ों को उकसा रहे थे।

'चल आ जा बाश - आ जा...'

'कलग़ी उठा कर दिखा दे। बेटा आ जा...आ...'

तमाशाइयों की भीड़ थी। शोर-शराबा था। खेलनेवाले शर्तें लगा रहे थे। तभी घोड़े पर सवार कोतवाल आ पहुँचा। उसके साथ दो सिपाही थे। वह एक मुजरिम को रस्सियों से बाँधे हुए ले जा रहे थे। फिर शोर मचा -

'अरे भागो! कोतवाल आ रहा है।'

तमाशाई भाग खड़े हुए। कुछ मस्जिद की जानिब भागे। कई बाज़ार की तरफ़ और दुकानों में दाख़िल हो गए।

जब कोतवाल वहाँ पहुँचा, वहाँ सिर्फ़ दो मुर्ग़ थे - हारे-हाँपते हुए। उनको जोश दिलानेवाले भाग चुके थे।

कोतवाल ने पूछा -

'किसके मुर्ग़ हैं ये?'

कहीं पीछे से एक आवाज़ आयी ;

'मुर्ग़ी के...'

कोई हँस पड़ा। लेकिन दबी आवाज़ में।

कोतवाल ने चारों तरफ़ नज़रें फेरीं और फिर सवाल किया -

'मैं पूछता हूँ, ये किसके मुर्ग़ हैं? कौन जुआ खेल रहा था यहाँ?'

पास की दुकान के बज़ाज़ ने मुर्ग़ों की तरफ़ इशारा किया -

'यही दोनों लड़ रहे हैं, कोतवाल साहब। इन्हीं को ले जाएँ पकड़ कर।'

सब तरफ़ से क़हक़हों की आवाज़ गूँजी।

कोतवाल ने चारों तरफ़ देखकर कहा, 'दिल्ली से जुए की ये बला न निकाली तो मेरा नाम मुनीर ख़ान नहीं।'

इस बीच सादिक़ ने एतराज़ किया।

'रशीद अली को क्यूँ पकड़ रखा है, कोतवाल साहब? इसने क्या किया है?'

'वही किया है जो उस दिन आप कर रहे थे। किसी दिन घर में घुसकर धर लूँगा। याद रखना...बड़ा मज़ाक कर रहे थे आपके वह शायर, आगाह कर देना उन्हें।'

2

मिर्ज़ा ग़ालिब अपनी बैठक में आँखें मूँदे पलंग पर बैठे थे। पीछे उमराव का दुपट्टा लटक रहा था। वे गुनगुना रहे थे और दुपट्टे में गिरह लगा रहे थे। उमराव अंदर दाख़िल हुईं। वे दबे पाँव आकर दुपट्टा उठा लेना चाहती थीं कि मिर्ज़ा ने आँखें खोलीं।

'अरे जाग रहे हैं आप? ये मेरे दूपट्टे में क्यूँ गिरहें लगा रहे हैं?'

'ग़ज़ल ही तो है। यहाँ बाँधता हूँ-गिरह कहीं और लगती हैं।'

'कौन है?...दिल में गिरहा पड़ गई है कहीं?'

ग़ालिब मुस्कराकर रह गए और सर हिलाकर 'हाँ' कहा। उमराव को कोई एतराज़ नहीं था।

'कोई और है तो ले आएं।'

'एक पाँव की बेड़ी ने ही मुश्किल में डाल रखा है। दूसरी भी पहन ली, तो चलने से लाचार हो जाऊँगा।'

उमराव पास ही बैठ गईं –

'कुछ अरसे से देख रही हूँ, बहुत दूर-दूर रहते हैं आप? फिर कौन है – जो हमें खींचकर अलग किए देता है?'

'बेगम, तुम तो जानती हो। सुबह से शाम तक किस दौड़-धूप में रहता हूँ।'

सौ पुश्त से है पेश:ए आबा सिपहगरी
कुछ शायरी ज़रिया इज़्ज़त नहीं मुझे।

'लोगबाग तो बेफ़िक्रा कहते हैं। शाराब पीते हैं, जुआ खेलते हैं मिर्ज़ा-क्या मुश्किल है उन्हें?'

'लोग क्या जानें! मैं क्यूँ पीता हूँ? क्यूँ जुआ खेलता हूँ? अगर वह भी न करूँ तो घुटकर मर जाऊँ, बेगम। ग़म में हँस लेता हूँ तो लोग समझते हैं कि रोना ही नहीं आता।'

उमराव ने छेड़ा -

'हमने तो कभी रोते नहीं देखा आपको?'

ग़ालिब मुसकरा दिए -

'हाँ...'

उनके देखे से जो आ जाती है मुँह पर रौनक़
वो समझते हैं कि बीमार का हाल अच्छा है।

उसी वक़्त आज़ान सुनायी दी। उमराव ने जानमाज़ उठाई -

'अल्लाह! नमाज़ का वक़्त हो गया।'

मिर्ज़ा ने उनका हाथ पकड़ लया।

'आप पूछ रही थीं न कि वह कौन है जो हमें खींचकर अलग किए देता है...अब सुन लिया?'

उमराव ने कान पकड़कर तौबा की।

'तौबा-तौबा! रहमान रहम कर, इन्हें माफ़ करना।'

और 'क़ुरान' की एक आयत पढ़ी। उमराव नमाज़ पढ़ने गईं। इतने में कल्लू मियाँ ने आकर ख़बर दी -

'हुज़ूर आला, कोई साहब मिलने आए हैं।'

'कौन हैं?'

'पहले कभी देखा नहीं।'

'मैं आता हूँ।'

कल्लू के पीछे-पीछे मिर्ज़ा भी चल दिए, वे बरामदा पार करना चाहते थे, लेकिन देखा कि उमराव सजदे में हैं। मिर्ज़ा ने अपनी मोजड़ी उठाई और बुदबुदाते हुए कहा –

'लीजिए – सारे सहन को मस्जिद बना दिया है। अब ये जूते कहाँ पर रखूँ? और पहनकर कहाँ से गुज़रूँ? मोजड़ी उठाए बचते-बचाते उनहोंने बरामदा पार किया और सहन में आ गए।

3

मियाँ फ़िद्दन घर के बाहर खड़े थे, कल्लू मियाँ ने आकर ख़बर दी –

'हुजूर थोड़ा इंतज़ार करें। आक़ा अभी तशरीफ़ लाते हैं।'

इतने में मिर्ज़ा बाहर आ गए। फ़िद्दन ने सलाम किया –

'सलाम अर्ज़ करता हूँ, हुजुर।'

मिर्ज़ा ने पहचानने की कोशिश की, लेकिन कुछ याद नहीं आया।

'ग़ालिब आपका ही इस्मे शरीफ़ है?'

'तखल्लुस है मेरा, फ़र्माइये।'

'हमारी मालिकन ने ये रुक़्क़ा भेजा है।'

फ़िद्दन ने रुक़्क़ा मिर्ज़ा के हाथ में थमा दिया। ग़ालिब ने रुक़्क़ा खोला। लिखा था –

'आपकी ग़ज़ल मिली थी। एक मेहरबान ऊपर आये और मुकम्मिल करा गए। ग़लबन आपके दोस्त हैं। ख़ुदा उनका भला करे। पता नहीं वो शेर आपके हैं या नहीं। बाक़ी ग़ज़ल के रंग आपके लगते हैं। एक और ग़ज़ल इनायत फ़र्मायें तो ताउम्र मश्कूर रहूँगी।

नाचीज़ – एक महाह ग़ालिब की'

'आप वहाँ क्या करते हैं?'

'मुलाज़िम हूँ उनके यहाँ।'

'मेरा पता कहाँ से मिला?'

'हमारी सीढ़ियों के सामने एक कुतबफ़रोश की दुकान है। मीर साहब कहलाते है। उनके यहाँ से।'

'मेरे साथ आइये।'

'जी हुजूर!'

मिर्ज़ा ने फ़िद्दन को अपने साथ आने की दावत दी। वे उसे अपने कमरे में ले गए और जाते-जाते ही एक ग़ज़ल बुननी शुरू की -

'दिले नादाँ! तुझे हुआ क्या है
आख़िर इस दर्द की दवा क्या है,

हमको उनसे वफ़ा की है उम्मीद
जो नहीं जानते वफ़ा क्या है।'

और मिर्ज़ा ने नई ग़ज़ल लिखकर फ़िद्दन मियाँ को दे दी।

4

वहीं ग़ज़ल कुछ दिनों के बाद नवाब जान के कोठे पर गूँजी।

'दिले नादाँ तुझे हुआ क्या है
आख़िर इस दर्द की दवा क्या है।'

तरह-तरह के लोग, तरह-तरह के शौक़। लेकिन नवाब जान के यहाँ सभी की दिल जोई हुई। जिनमें शहर का कोतवाल भी शामिल था।

'हम हैं मुश्ताक़ और वो बेज़ार
या इलाही चह माजरा क्या है,

जबकि तुझ बिन नहीं कोई मौजूद
फिर ये हंगामा ये ख़ुदा क्या है,

जान तुम पर निसार करता हूँ
मैं नहीं जानता दुआ क्या है?'

5

ग़ालिब की बैठक में दस्तरख़्वान बिछा हुआ था। उमराव बेगम खाना खा रही थीं। इतने में बेगम को ढूँढ़ते हुए मिर्ज़ा आ गए। उनको आता देखकर बेगम ने पूछा –

'आप कब लौटे?'

मिर्ज़ा हैरान हुए –

'कहाँ से?'

'हमें क्या मालूम कहाँ जाते हैं आप?'

मिर्ज़ा ज़रा क़रीब आकर बैठ गए थे। बेगम ने आहिस्ता से दुपट्टा नाक पर रखा कि शराब की बू न आए।

'आज तो घर से कहीं निकला ही नहीं, बेगम।'

मिर्ज़ा ने हाथ बढ़ाकर बेगम की तशतरी से एक बोटी उठाने की कोशिश की। बेगम ने तशतरी अपनी तरफ़ खींच ली और कल्लू को मिर्ज़ा के बर्तन लाने के लिए कहा।

'कल्लू, ज़रा इनका तशतरी, प्याला लेकर आओ।'

मिर्ज़ा ने हँसते हुए पूछा –

'हमारे बर्तन क्या अलग कर दिए आपने?'

'नहीं, मैंने अपने बर्तन अलग कर लिए।'

मिर्ज़ा को बुरा लगा, लेकिन नाराज़गी जताई नहीं।

'बुरा न मानिएगा। अपने ईमान के लिए डरती हूँ।'

'हाँ बगम, डर उसी का होता है जिसके पास कुछ पूँजी हो। तुम्हारे पास

ईमान है, इसलिए डरती हो और हमारे पास...'

मिर्ज़ा ने बेगम की तरफ़ ऊँली उठाते हुए कहा –

'...और हमारे पास इस ईमान वाली के सिवा कुछ भी नहीं।'

उमराव बेगम ने फिर बुनियादी सवाल उठाया –

'आप इस तरह ख़ुदा से मुन्किर कहाँ? फ़र्क़ सिर्फ़ इतना है कि सबकी तरह दो जानू होकर गिड़गिड़ाता नहीं उनके सामने। बच्चों को माँ-बाप से कभी इस तरह गिड़गिड़ाकर माँगते देखा है, जैसे तुम माँगती हो?...मेरे तालुक़ात ख़ुदा के साथ तुमसे मुख़्तलिफ़ हैं।'

'हाँ, इसीलिए वे आपकी सुनते नहीं।'

मिर्ज़ा ने मुस्कराकर जवाब दिया –

'शायद वे शायरी नहीं समझते और वह भी मेरी।'

अब उमराव बेगम खड़ी हो गईं और फिर तौबा की –

'असतग़ फ़्रोल्लाह...अल्लाह मियाँ इस अना के लिए माफ़ करना इन्हें।'

6

मीर साहब अपनी क़िताबों की दुकान में, एक पुलंदा काग़ज़ में से कोई काग़ज़ ढूँढ़ रहे थे कि एक बुर्का पोश ख़ातून दाख़िल हुई। यह नवाब जान थी।

मीर साहब ने पूछा –

'फ़र्माइये मोहतर्मा।'

'ग़ालिब नाम के एक शायर हैं। पूरे नाम से नावाक़िफ़ हूँ। उनका मजमुआ कोई शाये हुआ है? कोई कुलयात या दिवान मिल सकता है?'

'दिवान तो नहीं छपा ग़ालिब का। हाँ, कभी-कभार कोई ग़ज़ल, कोई शेर लिख जाते हैं, जब आते हैं मेरे यहाँ।'

नवाब जान ख़ुश हुईं।

'क्या...क्या फ़र्माया?...ग़ालिब...ग़ालिब क्या आते हैं यहाँ?'

मीर साहब भी सारी बात समझ गए।

'जी...जी हाँ ये...उन्हीं के हाथ के लिखे अशार हैं।' मीर साहब ने ग़ालिब की तहरीर दिखाई।

नवाब जान ने पढ़ी। एक बार दोहराई भी –

आगे आती थी हाले दिल पर हँसी
अब किसी बात पर नहीं आती।

'...वाह ख़ूब...ये अशार मुझे देंगे आप?'

'इसके लिए उनसे इजाज़त लेती पड़ेगी, मोहतर्मा। इस तरह पहले किसी ने उनके अशार चाहे नहीं।'

उसी वक़्त मिर्ज़ा ग़ालिब दाख़िल हुए।

'लीजिए वे आ गए।'

नवाब जान उनकी तरफ़ मुड़ी और नक़ाब उठा लिया। नवाब जान जैसे सकते में आ गई। ग़ालिब ने मीर साहब को सलाम किया।

'ओह, आप! आप ही उस दिन तशरीफ़ लाए थे ऊपर?'

'जी,...वह गुस्ताख़ी मुझी से सरज़द हुई।'

नवाब जान बड़ी शर्मिंदा थी –

'मैं निगोंड़ी...घर में भी नहीं बुलाया। दरवाज़े से ही लौटा दिया आपको।'

'मैं गयावक़्त नहीं हूँ कि फिर आ भी ना सकूँ।'

नवाब जान ने मेज़ से वह ग़ज़ल उठा ली, जो मीर साहब ने दिखाई थी।

'ये अशार रख सकती हूँ अपने पास?' मिर्ज़ा ने फ़राखदिली से कहा।

'रख लीजिए। नग़मा हो जाता है वां, गर नाला मेरा जाए है।'

'इनायत, इनायत, इनायत अपकी...'

नवाब जान उठी और एकदम बाहर चली गई, लेकिन जाते-जाते मीर साहब को आदाब कहना न भूली।

'शुक्रिया आपका, हाजी साहब।'

'जी...जी।'

और अपने बालाख़ाने की तरफ़ चल दी। मीर साहब नवाब जान को जाते हुए देखकर मिर्ज़ा से मुख़ातिब हुए -

'मिर्ज़ा जी, इस बेचारी की कैफ़ियत तुलाहज़ा फ़र्मायी आपने? रंग ही उड़ गया था चेहरे का।'

मिर्ज़ा ने इसी कैफ़ियत पर शेर पढ़ा -

'होके आशिक़ वो परी रुख़ और नाजुक बन गया
रंग खुलता जाए है, जितना कि उड़ता जाए है।'

मीर साहब को ग़ालिब का एक शेर याद आया -
'आप ही का एक शेर है मिर्ज़ा नौशा -'

इश्क पर ज़ोर नहीं है यह वो आतिश ग़ालिब
कि लगाये ना लगे और बुझाये ना बने।

मिर्ज़ा ग़ालिब ने ठँडी आह भरी।

'आपकी क़िताबें वापस करने आया हूँ...अच्छा चलता हूँ, मीर साहब।'

मीर साहब हैरान, ये क्या, अभी आये और अभी चल दिए!

'कहाँ? अभी तो रुके भी नहीं...और कहाँ जा रहे हैं?'

'मथुरादास की कोठी पर...उधार लेने।' मिर्ज़ा ने अपनी मजबूरी समझाई।

'ख़्वाजा हाजी ख़ान के हाथ, छोटे भाई के लिए पैसे भेजे थे, वह तो गुम हो गए। पहुँचे नहीं उन तक...अब पैग़ाम आया है कि जो कुछ था उनके पास, वह उनके इलाज पर उठ गया।'

'मिर्ज़ा यूसुफ के दुश्मनों की तबीयत नासाज़ है क्या?'

'जी, दिमाग़ में ख़लल पड़ गया है। बेचारा ग़म के एहसास से बच

गया। तीन बच्चे, भाई, भावज...ये ज़िम्मेदारी मुझपर पड़ी...बोझ कहूँ तो गुनहगार...और आमदनी तो आप जानते ही हैं।'

मीर साहब यह सुनकर ख़ामोश रहे और मायूस भी हुए। मिर्ज़ा ने इजाज़त माँगी, 'चलता हूँ, आदाब!'

7

'मियाँ फ़िद्दन ने उन्हें रास्ते में ही रोका। ये वाक़िया ठीक हाजी मीर की दुकान के आस-पास पेश आया।

'हुज़ूर, ज़रा रुकिए।'

ग़ालिब ठहर गए।

'क़बला-एक मिसरे का मतलब पूछने के लिए भेजा है नवाब जान ने।

'ख़ूबसूरत नाम है।...फ़र्माइये? क्या मिसरा है?'

'वां वो ग़ुरूर अंज़ व नाज़
यां ये हिजाबे पास वाज़ये।'

ग़ालिब ने जवाब दिया -

'कहियेगा -

राह में हम मिलें कहाँ
बज़्म में वो बुलाये क्यूँ।'

'शुक्रिया।'

और फ़िद्दन मिसरा दोहराते हुए चला गया। मिर्ज़ा उसे जाते देखते रहे। फिर एक और शेर कहा -

क़ासिद के आते-आते ख़त इक और लिख रखूँ
मैं जानता हूँ वो जो लिखेंगे जवाब में।

8

घर पहुँचते-पहुँचते ग़ज़ल पूरी हुई। ग़ालिब छत पर पहुँते। रूमाल से एक-एक गिरह खोली, एक-एक शेर याद आया और उन्हें क़लमबंद करते गए -

'कब से हूँ क्या बताऊँ, जहाने ख़राब में
शबहाए हिज्र को भी रखूँ गर हिसाब में,

मुझ तक कब उनकी बज़्म में आता था दौरे जाम
साक़ी ने कुछ मिला ना दिया हो शराब में,

तो फिर ना इंतज़ार में नींद आये उम्र भर
आने का वादा कर गए, आए जो ख़्वाब में,

ग़ालिब छूटी शराब, पर अब भी, कभी-कभी
पाती हूँ रोज़े अब्र-ओ शबे-ओ शबे-माहताब में।'

सात

1

एक अंग्रेज़ घुड़सवार चौक से गुज़र रहा था कि एक पटाखा घोड़े के सामने आकर फूटा। घबराकर घोड़ा पिछली टाँगों पर खड़ा हो गया। गोरा घोड़े को सम्भाल न पाया और ज़मीन पर गिर पड़ा। उसने अंग्रेज़ी में गाली बकी। चौक सकते में आ गया। जो दुकानों में बैठे थे उन्होंने नज़रें चुरा लीं। जो ख़रीदारी कर रहे थे गली-कूचों में गुम हो गए। कुछ मस्जिदों में छुप गए। गोरा तब तक सम्भल चुका था। अब वह चिल्लाने लगा –

'कौन है? यू सन ऑफ़ ऐ बिच? कम आउट।'

पास की इमारतों में पहली मंज़िल और दूसरी मंज़िल की खिड़कियाँ दनादन बंद होने लगीं। एक बरामदे में उस्ताद इब्राहीम ज़ौक़ खड़े देख रहे थे। फिर एक पटाखा फूटा, फिर...एक ख़ास वक़्फ़े के बाद जगह-जगह धमाके होने लगे। गोरा अब सचमुच ख़ौफ़ज़दा था।

उस्ताद ज़ौक़ बरामदे से कमरे में चले गए और दरवाज़े पर परदा गिरा दिया।

अंदर कमरे में आतिशदान की गर्मी सेंकते मोमित, मुफ़्ती और दीगर शौरा बैठे शेरओ सुखन में मशग़ूल थे। वाह-वाह की आवाज़ आ रही थी। हज़रत ज़ौक़ ने हाथ रगड़े और फर्माया –

'भाई माफ़ कीजिगा। हमने शेर नहीं सुना, मोमिन मियाँ। मुकर्रर इरशाद फ़र्मायें।'

'तुम मेरे पास होते हो गोया
जब कोई दूसरा नहीं होता।'

'वाह-वाह! सुब्हान अल्लाह!'

हाले दिल यार को लिखूँ क्यूँ कर
हाथ दिल से जुदा नहीं होता,
चाराये दिल सिवाये सबर नहीं
सो तुम्हारे सिवा नहीं होता।'

मोमिन ने वाहवाही लूट ली।

अब ज़ौक़ ने अपना कलाम सुनाने की इजाज़त चाही -

'हज़रात, अगर इजाज़त हो तो एक ताज़ा ग़ज़ल के चंद अशार पेश करूँ।'

एक शोर उठा -

'इरशाद-इरशाद!'

इतने में बाहर एक और धमाका हुआ।

मोमिन ने घबराकर पूछा -

'ये क्या चल रहा है बाहर?'

शेफ़्ता ने उकताये अंदाज़ में कहा -

'कुछ पटाखों की आवाज़ें सुनाई दे रही हैं।'

'जी हाँ। गोली चलती तो साथ में चीख़ भी सुनाई पड़ती।'

ज़ौक़ ने इतला दी।

'कुछ नहीं, एक फ़िरंगी सिपाही निकल आया है चौक में। लोग उसे परेशान कर रहे हैं। दो गोरे हों तो सारा शहर घबरा जाता है। अकेला हो तो...' मुफ़्ती साहब ने ज़ौक़ की बात काटी।

'शहर कहाँ साहब, अब तो सारा मुल्क घबराता है।' शेफ़्ता ने उसी अंदाज़ में कहा।

'आप शेर इरशाद फ़र्मायें क़िबला। यह तो रोज़मर्रा का क़िस्सा है। आपका कलाम फिर कब सुनने को मिलेगा।'

'अर्ज़ किया है -

लायी हयात आये क़ज़ा ले चली चले
अपनी खुशी न आये, न अपनी खुशी चले,

बेहतर तो है यही कि ना दुनिया से दिल लगे
पर क्या करें जो काम ना बे दिललगी चले,

कम होंगे इस बिसात पर हम जैसे बद क़मार
जो चाल हम चले सो निहायत बुरी चले,

जाते हवाये शौक़ में हैं इस चमन से ज़ौक़
अपनी बला से बादे सबा अब कभी चले।'

2

सादिक़ मियाँ का चबूतरा तभी रंग में आता था जब चार-पाँच जुआरी और कुछ तमाशबीन मौजूद हों और अगर मिर्ज़ा ग़ालिब भी खेल रहे हों तो सोने पर सुहागा। जुआरी दाद दे रहे थे।

'वाह-वाह मिर्ज़ा। क्या कौड़ियाँ फेंकते हो।'

'कमाल करते हो, भाई।'

सादिक़ ने कहा -

'आपके साथ जुआ खेलना तो सरासर घाटे का काम है, नौशा मियाँ।'

एक ख़बरी ने आकर बताया कि कोतवाल आ रहा है। दूसरे ख़बरी ने मिर्ज़ा को ख़बर दी -

'नौशा मियाँ, कोई साहब आपके लिए किसी का रुक्क़ा लेकर आए हैं।'

मिर्ज़ा ग़ालिब ने नज़र उठाकर देखा, नवाब जान का मुलाज़िम; फ़िद्दन मियाँ था। फ़िद्दन मिर्ज़ा की तरफ़ आया और सलाम बजा लाया।

'आ जाओ मियाँ, भई पहले अपना इस्में शरीफ़ बताओ।'

'ख़ाकसार को ''फ़िद्दन'' कहकर बुलाते हैं।'

'हाँ तो फ़िद्दन मियाँ, कैसे आना हुआ?'

'आपके दौलतख़ाना पे हाज़िर हुआ था। पता चला, आप यहाँ तशरीफ़ रखते हैं।' फिर दबी आवाज़ में कहा, 'एक रुक़्क़ा है नवाब जान की तरफ़ से।'

जुआरियों और तमाशबीनों के कान खड़े हो गए। मिर्ज़ा ने रुक़्क़ ले लिया और खोलकर पढ़ने लगे।

'...क्या ग़रीबख़ाने पर एक बार तशरीफ़ लायेंगे। आपकी ग़ज़ल आपके ही सामने पेश करना चाहती हूँ। लिल्लाह! मायूस न कीजियेगा। आपके क़दम पड़ने से इस ग़रीबख़ाने का मुक़्क़दर जाग उठेगा। शायद किसी को जीते रहने की वजह मिल जाए। नियाज़मंद नवाब जान।'

रुक़्क़ा पढ़कर मिर्ज़ा ख़ुश हुए। मिर्ज़ा फ़िद्दन की तरफ़ मुड़े और फ़र्माया –

'उनसे कह दीजिए, मैं उड़ने से पहले गिरफ़्तार हो गया। पाँव में बेड़ी पड़ी है। क़ैद अज़ीज़ तो किसी को नहीं होती, लेकिन अब क़ैद की आदत में क़ैद हूँ।'

'क्या तशरीफ़ लाएंगे?'

ग़ालिब सोच में पड़ गए। जवाब क्या दें वे यह फ़ैसला नहीं कर पाए।

'वादा तो नहीं करते...'

फिर भी, कुछ-न-कुछ कहना था। कहा –

'शायद आ भी जाएं।'

'इनायत...!'

फ़िद्दन ने पेशनी छूकर आदाब किया और चले गए। उसके जाते ही सभी की नज़रें मिर्ज़ा पर थीं।

सादिक़ मियाँ पूछ बैठे –

'कौन है? किसका पैग़ाम लेकर आया था?'

मिर्ज़ा की छाती फूल गई –

'मोग़ल बच्चे भी अजीब होते हैं। जिसपर मरते हैं उसे मार रखते हैं। एक

डोमनी को हमने भी मार रखा है।'

जोश में आकर मिर्ज़ा ग़ालिब ने कौड़ियाँ फेंकी और कौड़ियों की खनक काफ़ी देर तक उनके कानों में गूँजती रही।

3

ग़मेदौरा ने मिर्ज़ा को ज़िंदगी भर सताया। लेकिन ग़मेजानां से भी अछूते न रहे। आज नवाब जान सज-धज रही थीं। मुशाता ने पैरों में मेहँदी रचाई। नवाब जान ने रोज़मर्रा से ज़्यादा गहने पहने। इस बीच उसकी माँ मलका जान आ गईं। मलका का माथा ठनका।

'क्या बात है? आज कोई ख़ास ही अहतमाम हो रहा है। शाम होने में बहुत देर है अभी।'

नवाब जान मुस्करा दी।

'अम्मी, मेरी चोटी आप खुद ही बना दो आज।'

'हूँ...कौन आ रहा है आज?'

'जिनका कलाम गाउँगी आज...मिर्ज़ा ग़ालिब।'

'इस ग़रीबख़ाने पर आएंगे वे?'

नवाब जान जानती थी कि वे यक़ीनन आएंगे। उसने सर हिलाकर 'हाँ' कर दी।

'उस पे बन जाए कुछ ऐसी कि बिन आये न बने।

'अम्माँ, किसी ने ख़ूब कहा है, वह कोई चाँद-सूरज हैं जो रोज़ चले आयेंगे। उनका मक़ाम तो उनसे भी परे है।'

4

मुशाता नवाब जान को सजा-सँवार रही थी। इधर मिर्ज़ा ग़ालिब के घर में भी कुछ ऐसा ही नज़ारा था।

मिर्ज़ा ग़ालिब नवाब जान के यहाँ जाने की तैयारी कर रहे थे। कपड़े

पहन लिए थे और अब पुराना चोग़ा पहनने वाले थे कि उमराव बेगम ने एतराज़ किया -

'वह रहने दीजिए। ये...ये नया चोग़ा बनवाया है। आपके लिए...ये पहनकर जाएं।'

उमराव ने खुद उन्हें चोग़ा पहनाया। मिर्ज़ा हैरानी से देखते रहे।

'बेगम, क्यूँ ऐसे दूल्हों की तरह तैयार कर रही हैं हमें। जानती भी हैं कि हम कहाँ जा रहे हैं? एक डोमनी के कोठे पर जा रहे हैं। सुना है, हम पे मरती है वह।'

बेगम ने हँसकर जवाब दिया -

'क्यूँ न मरेगी? हमारा इंतख़ाब क्या इतना मामूली है।'

'ओहो...क्या बात है, आज बहुत मेहरबान हो?'

इस सवाल का जवाब उमराव ने नहीं दिया, बल्कि चोग़े की सिलाई की बात कही।

'गला ठीक है चोग़े का?'

उमराव का सारा ध्यान चोग़े के गले की तरफ़ था। उन्होंने एक तजर्बाकार दरज़ी की तरह चोग़े के गले के काट का मायना किया। उनकी बाँह मिर्ज़ा की नज़र के सामने थी। कलाइयों में चंद काँच की चूड़ियाँ थीं। गला ख़ाली था। कान में दो मामूली से बुंदे, मिर्ज़ा की आँखों में माज़ी की एक झलक कौंध गई।

5

वक़्त का वह हिस्सा...जब असद और अमराव बच्चे थे और उनका निकाह हुआ था। असद और उमराव इक्के पर सवार-रुख़स्ती का वक़्त था।

इक्के पर बिठाने के लिए जब असद ने अपनी बेगम का हाथ थामा था, तब उसकी कलइयों में सोने के कितने ही जड़ाऊ ज़ेवर थे। कलाइयों में कंगन, उनकी उँगलियों में अँगूठियाँ, कानों में बुंदे, गले में चंद हार, मोतियों की लड़ियाँ, नाक में हीरे की नथ, माँग में जड़ाऊ टीका।

पहली बार असद ने अपनी बहू बेगम का यह रूप देखा था। बेगम की बंद मुट्ठियों पर भी नज़र पड़ी। आँख-आँखों से पूछा, क्या छूपाये ले जा री हो। बेगम की बंद मुट्ठीयाँ खोल दीं। कंचे थे और कंचे असद को दिए। असद ने गिने, पूरे सात लिकले। दोनों की नज़रें मिलीं। दोनों मुस्करा दिए।

6

मिर्ज़ा ग़ालिब माज़ी से हाल में लौटे। अब उन्होंने नया चोग़ा पहन लिया था। एक बार मिर्ज़ा ने अपने नए चोग़े को देखा। एक बार फिर नज़र उमराव के सूने गले पर पड़ी। लेकिन उमराव की नज़र मिर्ज़ा और उनके नए चोग़े पर थी।

'अच्छा लग रहा है।'

'चोग़ा या हम?'

फिर ख़ामोशी के चंद लम्हे।

'कुछ कहा आपने? बहुत चुप हैं।'

'है कुछ ऐसी ही बात जो चुप हूँ,
वरना क्या बात करनी नहीं आती।'

'आपसे तो बात करना मोहाल है। बात-बात पे शेर कहते हैं।'

मिर्ज़ा फिर ख़ामोश रहे।

'हमने कुछ पूछा था आपसे? कहाँ हैं आप?'

हम वहाँ हैं जहाँ से हमको भी
कुछ हमारी ख़बर नहीं आती।

7

आज नवाब जान का कोठा जगमगा रहा था। नोकरानी एक और शमा लेकर आ गई। नवाब जान इस वक़्त चिलमन से नीचे गली में आने-जानेवालों को देख रही थी। उसे मिर्ज़ा ग़ालिब का इंतज़ार था।

'बाजी, क्या हुआ? फिर उदास हो गईं आप?'

'नहीं तो। बस आते होंगे। अच्छा, दिवानख़ाने में सारे चिराग़ जला दिए?'

'जी बाजी, साज़िंदे भी कब के आ गए हैं।'

इस बीच दीवानख़ाने से सारंगी की आवाज़ आ रही थी। साज़ पहले ही मिला दिए गए थे। नवाब जान ने परदे की ओट से दीवानख़ाने का जायज़ा लिया। कोतवाल अभी-अभी दाख़िल हुआ। नवाब जान ने परदा गिरा दिया। मिर्ज़ा अभी भी नहीं आए। नवाब जान के सब्र का प्याला लबरेज़ हो रहा था। उसने फिर गुलरेज़ को ताकिद की -

'गुलरेज़, मिर्ज़ा का गॉवतकिया दायें तरफ़ लगवा देना।'

बाहर से गुलरेज़ ने 'जी' कहा।

8

देर तीसरे पहर मिर्ज़ा ग़ालिब सेठ सुखचैन की पीढ़ी पर पहुँचे। उन्होंने कुछ सोने की मुहरें मिर्ज़ा को दे दीं। मिर्ज़ा ने प्रोनोट पर दस्तख़त करने के लिए क़लम हाथ में ले लिया।

'यकायक लख़्त इतनी रक़म की क्या ज़रूरत पड़ गई, मिर्ज़ा ग़ालिब साहब? कहीं सफ़र पर जा रहे हो? इरादा किया है?'

मिर्ज़ा ने कोई जवाब न दिया। काग़ज़ पर दस्तख़त किए। पैसे उठाये और 'आदाब' कहा।

'इजाज़त दो लाल, आदाब, खुदा हाफ़िज़।'

मिर्ज़ा पीढ़ी से बाहर आ गए।

9

नवाब जान का कोठा। नवाब जान बैठक के बीचों-बीच बैठ गई थी। उसने एक लम्बा आलाप लिया और हाथ की हथेली से भाव दिखाए। हथेली पर मेहँदी। और मेहँदी से लिखा 'मिर्ज़ा'। कोतवाल की नज़र पड़ी। उसने टोका -

'ये क्या लिखा है? मिर्ज़ा? मिर्ज़ा कौन?'

नवाब जान ने दोनों हथेलियाँ सामने कर दीं। एक पर 'मिर्ज़ा' लिखा था, दूसरी पर 'ग़ालिब'।

कोतवाल ने नाम मिलाकर पढ़ा - 'मिर्ज़ा ग़ालिब।'

कोतवाल ने मज़ाक़ किया -

'ये किस कंगाल से दिल लगा बेठी हो। क़र्ज़दार है ज़माने का।'

'और उनका जो क़र्ज़ चढ़ रहा है ज़माने पर? उसे चुकाते-चुकाते दिल्ली की नस्लें गुज़र जाएंगी, फिर भी चुकता नहीं होगा।'

कोतवाल को नवाब जान की बात पर बहुत गुस्सा आया।

'ओहो, क्या जानती हो उसके बारे में? जब भी बल्ली मारान से गुज़रता हूँ, बैठा हुआ जुआ खेलता दिखता है। किसी दिन धर लिया जाएगा। न दीन का, न दिल का। दोनों से कोरा।'

नवाब जान मुस्करा दी और उसने एक शेर अर्ज़ किया -

'हाँ वो नहीं ख़ुदा परस्त, जाओ वह बेवफ़ा सही
जिसको हो दीनओ दिल अज़ीज़, उसकी गली में जाये क्यूँ?'

10

मिर्ज़ा घर लौट गए। उनके पास ज़ेवरात की पोटली थी। उन्होंने ज़ेवर उमराव बेगम को पेश किए।

'लो पहन लो इन्हें! गले और हाथों में।'

उमराव ने उनकी तरफ़ देखा। इस नज़र में मोहब्बत थी। नाराज़गी भी थी। मिर्ज़ा की ज़ात को लेकर इज़्ज़त भी थी।

'फिर क़र्ज़ लिया आपने?'

मिर्ज़ा ने सर हिलाकर 'हाँ' की।

'किससे?'

'मथुरा दास से और नहीं मिलता। सेठ सुखचैन से लाया हूँ।'

'लेकिन ऐसी क्या ज़रूरत पड़ी थी कि...'

मिर्ज़ा ने उनके हाथ को पकड़कर कहा –

'ये काँच की चूड़ियाँ उतार दो और कड़े पहनो।'

मिर्ज़ा ने काँच की चूड़ियाँ उतारने की कोशिश की। एक आलाप उनके कानों में गूँजा।

11

नवाब जान ने अपने कोठे पर एक ग़ज़ल छेड़ी –

'ये न थी हमारी क़िस्मत कि विसाले यार होता
अगर और जीते रहते, यही इंतज़ार होता,

अगला शेर कोतवाल के लिए था –

'ये कहाँ की दोस्ती है कि बने हैं दोस्त नासेह
कोई चारासाज़ होता, कोई ग़मनुसार होता,

कोई मेरे दिल से पूछे तेरे तीरे नीमकश को
ये ख़लिश कहाँ से होती जो जिगर के पार होता,

कहूँ किससे मैं कि क्या है, शबे ग़म बुरी बला है
मुझे क्या बुरा था मरना, अगर एक बार होता।'

आठ

1

महरौली की सराय के पास की अमराई, दो घोड़े बँधे थे, कुछ कुर्सियाँ लगी थीं। मिर्ज़ा ग़ालिब और शम्स चहलक़दमी कर रहे थे। शम्स की बाँह में पट्टियाँ बँधी थीं। ग़ालिब पेंशन के सिलसिले में परेशान थे।

'लेकिन इस बात को भी एक बरस हुआ, शम्स। तुमने कहा था कि वह फ़िरंगी...क्या नाम था उसका...विलियम फ्रेज़र...वह तुम्हारी मदद करेगा।'

'उसे तो अल्लाह क़सम...उसका ख़ून कर दूँगा मैं।'

मिर्ज़ा ने शम्स की तरफ़ देखा –

'अव्वल तो हर बात पे क़सम मत खाया करो अल्लाह की और खाओ तो किसी भले काम के लिए खाया करो।'

शम्स के पास कोई तसल्ली बख़्श जवाब न था।

'और उसका क्या हुआ? हाजी का?...मेरे पैसे तो नहीं पहुँचाए यूसुफ़ तक।'

'वह तो मेरा भी रुपया खा गया। पिछले आठ माह से ग़ायब है।'

'तो फिर उस दरख़्वास्त का क्या हुआ जिसपर मुझसे दस्तख़त कराए थे तुमने?'

'फ्रेज़र का कहाना है कि वह दरख़्वास्त कलकत्ता भिजवा दी है। जनरल मेअकाफ़ ही फ़ैसला करेंगे और...' शम्स बोलते-बोलते ख़ामोश हो गया।

'और क्या? कुछ कहना चाहते थे तुम?'

'लगता है, कलकत्ता गए बग़ैर बात नहीं बनेगी।'

'कलकत्ता जाने का इरादा कर रहे हो तुम?'

'नहीं, मुझसें इतनी सकत नहीं। आरिफ़ के दोनों बालिग़ बच्चों का भार

भी मुझपर है। तुम्हारे भांजे हैं। तुम पर यूसुफ मिर्ज़ा का बोझ न होता तो तुमसे कहता, ये भार भी तुम ही उठा लो।'

मिर्ज़ा ने कोई जवाब नहीं दिया।

शम्स ने फिर पूछा –

'बाजी कैसी हैं?'

'उमराव... अच्छी हैं। फिर उम्मीद से हैं। अल्लाह ने औलाद तो बख़्शी मगर उन्हें ज़िंदगी न बख़्शी। अब और ज़्यादा परहेज़गार हो गई हैं। हर पीर, हर फ़क़ीर की दरगाह पर जाकर मन्नत माँग आती हैं। बज़िद रहती हैं कि मैं भी तवाफ़ करूँ। कुछ चढ़ाकर आ जाऊँ।'

चलते हुए दोनों घोड़ों के क़रीब आ गये और उनपर सवार होकर चले गए।

2

मिर्ज़ा ग़ालिब के घर पर दो आदमी उनका इंतज़ार कर रहे थे। वफ़ादार उन्हें समझाकर टालने की कोशिश कर रही थी – अपने तुतलाते हुए लहजे में –

'हज़रात, मिर्ज़ा साहब मेहलवली (महरौली) गए हैं। लौटते हुए शायद देली (देरी) हो जाए। हम ख़बल कल (ख़बर कर) देंगे कि आप आए थे... हुजूल का जागील (हुजूर की जागीर) बस मिलने वाली है।'

बनिये ने अपना मक़सद बयान किया –

'हमें तो हमारे दाम वापस चाहिए बीबी, जागीर नहीं। मिर्ज़ा से कह देना, ख़ुद ही आकर दे जाएं दुकान पर। तक़ाज़ा करते हमें अच्छा नहीं लगता।'

बनिया बड़बड़ाता हुआ चला गया। लेकिन बज़ाज़ खड़ा रहा और थोड़ी दूर पर एक खम्भे की आड़ में फ़िद्दन बैठा था। उसे भी मिर्ज़ा जी के लौटने का इंतज़ार था। एक माँगनेवाले को टालकर वफ़ादर अब दूसरे से मुख़ातिब हुई। ये दूसरे आदमी सईद साहब थे, जिनकी बज़ाज़ी की दुकान थी।

'आप भी तशरीफ़ ले जाएं, सईद साहब, एक शायर को परेशान करके क्या मिलेगा आपको?'

'हम कहाँ परेशान करते हैं, बीबी। तुम्हीं ने बुलाया था आज के रोज़।'

'तो हमें थोला ही ख़बल (थोड़ी ही ख़बर) थी कि हुजूल (हुजूर) को अलसुबह मेहलवली (महरौली) जाना पलेगा।'

'तो फिर कब आएं?'

'हुजूल (हुजुर) से बात कलके (करके) ख़बल कल (ख़बर कर) देंगे आपको। ख़ुदा हाफ़िज़।'

वफ़ादार पिंड छुड़ाकर अंदर चली गई। सईद साहब भी मुड़े जाने के लिए, इतने में मिर्ज़ा साहब आते दिखाई दिए तो सईद साहब रुक गए।

'तसलीम।'

'तसलीमात, फ़र्माइये।'

'अर्ज़ ये है मिर्ज़ा कि वफ़ादार कपड़ा ले गई थी पिछले महीने। कहा था, बेगम ने मँगवाया है। मिर्ज़ा का चोग़ा बनेगा।'

मिर्ज़ा मुस्करा दिए।

'क़र्ज़ लेने को मैं कम था कि बेगम ने भी उधार लेना शुरू कर दिया।'

'लेकिन हमें तो कहा गया था कि...'

मिर्ज़ा ने बीच में ही रोक दिया –

'सईद साहब, अच्छी-भली पेंशन आती थी, रुक गई...हीरालाल वकील हैं न... मुकदमा उनके हाथ में है। आज ही उनसे मिलकर पूछता हूँ।'

'मिर्ज़ा शर्मिंदा मत कीजिए हमें। हम तक़ाज़ा करने नहीं आए। बुलाया न गया होता तो कभी न आते। आदाब!'

सईद साहब बिलकुल भी न रुके। बात खत्म करके चले गए। मिर्ज़ा ने बड़ी शर्म महसूस की। दो बोल बोल गए होत तो बुरा न लगता। बिना बोले चले गए। ये वार झेलना मिर्ज़ा के लिए मुश्किल था। मिर्ज़ा सईद साहब को जाते हुए देखते रहे और एक शेर कहा –

'क़र्ज़ की पीते थे मैं लेकिन समझते थे कि हाँ
रंग लायेगी हमारी फ़ाक़ा मस्ती एक दिन!'

मिर्ज़ा अंदर जाने ही लगे थे कि फिर एक 'आदब' सुनाई दिया। मिर्ज़ा बुदबुदाये, अब कौन 'आदाब' करने आ गया? वे मुड़े, देखा फ़िद्दन मियाँ हैं। फ़िद्दन खम्भे की ओट से नमूदार हुए थे।

'मिर्ज़ा साहब, आदाब।'

मिर्ज़ा ने पेशानी छूकर आदाब का जवाब दिया। फ़िद्दन ने एक रुक़्क़ा पकड़ा दिया। मिर्ज़ा ने रुक़्क़ा खोला, शेर उन्हीं का था। लेकिन आवाज़ नवाब जान की थी। यह भी एक तक़ाज़ा ही था।

'तुम जानो तुमको ग़ैर से जो रसमओ राह हो
मुझको भी पूछते रहो तो क्या गुनाह हो।'

मिर्ज़ा ने रुक़्क़े को जेब में रखा और फ़िद्दन मियाँ को जवाब दिया –

वफ़ा कैसी, कहाँ का इश्क, जब सर फोड़ना ठहरा
तो फिर ऐ संगदिल, तेरा ही संगे आस्ताँ क्यूँ हो।

जवाब देकर मिर्ज़ा ग़ालिब अंदर चले गए। जवाब का बोझ अब फ़िद्दन मियाँ के कांधे पर। वह शेर याद करता हुआ लौट गया।

'वफ़ा कैसी, कहाँ का इश्क़, जब सर फोड़ना ठहरा...

वफ़ा कैसी, कहाँ का इश्क़, जब...

वफ़ा कैसी, कहाँ का इश्क़,...

वफ़ा कैसी,...

शेर को भूल न जाए इसलिए फ़िद्दन तेज़ क़दम बढ़ाता हुआ कोठे की जानिब रवाना हो गया।

3

नवाब जान का कोठा –

तेज़-तेज़ सीढ़ियाँ चढ़ गया फ़िद्द मियाँ और शेर का वज़न उतार दिया नवाब जान पर।

'तो फिर ऐ संग दिल, तेरा ही संगे आस्ताँ क्यूँ हो'

सवाल का जवाब बहुत भारी पड़ा नवाब जान पर। उसकी आँखें पुरनम हो गईं। इतने में एक चूड़ी के टूटने-चटकने की आवाज़ आ गई।

चूड़ीफ़रोश रुक्मनी नवाब जान को चूड़ियाँ पहना रही थी। रुक्मनी का कोठे पर आना-जाना था। नवाब जान और मलका पुराने ग्राहक थे। एक और चूड़ी चटकी।

'आज कितनी चूड़ियाँ तोड़ेगी?...क्या इतना सख़्त हो गया है मेरा हाथ?'

रुक्मनी ख़ानदानी चूड़ियों वाली थी। ग्राहक को क्यों दोष देती। उसने अपने ही माल में खोट निकाली -

'ना बीबी! मेरी चूडियाँ ही मुई ख़्सता जान हुई जाती हैं। इन सबमें वह दम कहाँ, जो इन बाँहों की ज़ीनत बनें?'

फ़िद्दन मियाँ बीच में कूद पड़े -

'ऐं! बातें खूब बना लेती हो, रुक्मनी ताई।'

'ऐ है! तुम्हारी ताई क्यूँ होने लगी, फ़िद्दन मियाँ?'

नवाब जान को फ़िद्दन की ज़बानदराज़ी अच्छी नहीं लगी, उसने फ़िद्दन को डाँट दिया -

'तु जाओ फ़िद्दन...थोड़ी देर में आना। जब भी रुक्मनी आती है तुम आस-पास मंडराने लगते हो।'

फ़िद्दन मियाँ सीढ़ियों की तरफ़ बढ़े तो नवाब जान ने टोका -

'कहीं चंडूख़ाने में तकिया मत कर लेना जाके...फिर दो दिन बाद नज़र आओगे।'

फ़िद्दन फिर सीढ़ियाँ उतर गए। रुक्मनी चूड़ियाँ पहनाती रही। नवाब जान ने शेर गुनगुनया -

वफ़ा कैसी, कहाँ का इश्क़, जब सर फोड़ना ठहरा
तो फिर ऐ संगदिल, तेरा ही संगे आस्ताँ क्यूँ हो।'

मलका अंदर आई। बेटी को गुनगुनाते सुना तो अच्छा लगा और वह पूछ बैठी -

'यह नया कलाम किसका है?'

नवाब जान मुस्करा दी। सर वहीं दरवाज़े पर टिका दिया। जवाब भी न दिया। मलका ने खुद ही अपने सवाल का जवाब दिया -

'वही...मिर्ज़ा ग़ालिब?'

नवाब जान मुस्करा दी। मलका ने आगाह कर दिया उसे। दुनियादारी को समझाना उनका फ़र्ज़ था -

'मिर्ज़ा ग़ालिब से तुम्हारा...उस कोतवाले शहर को पसंद नहीं।'

नवाब जान ने आहिस्ता से अपना जवाब सुना दिया '

'मैं कोई उसकी ज़रख़रीद नहीं हूँ।'

'ज़रख़रीद तो कोई नहीं उसका, बेटी। लेकिन शहर में उसी का तोता बोलता है।'

अब नवाब जान को गुस्सा आ गया -

'तो?'

मलका ने नरमी से समझाया -

'तेरी वजह से कहीं उस ग़रीब शायर पे न आ बने।'

नवाब जान सोचती रह गई।

4

हीरालाल का सब्र टूट गया। वह मिर्ज़ा ग़ालिब से खरी बात कहने के लिए मजबूर हो गए।

'ये सारा क़र्ज़ कैसे चुकेगा, मिर्ज़ा? बेतहाशा ख़र्च करते हो, इतने मुकदमे लड़ोगे कैसे?'

मिर्ज़ा ख़ामोश रहे। हीरालाल उनके ख़ेरख़्वाह थे। यह आगाही भी ज़रूरी थी।

'इधर मथुरा दास डिगरी कर रहे हैं तुमपर। उधर घर पर तक़ाज़ा करनेवालों का ताँता लगा हुआ है और पेंशन का अभी कुछ पता नहीं। क्या जाने कब मिलती है, ख़ुदा करे कि फ़ैसला तुम्हारे हक़ में हो जाए, लेकिन...?'

मिर्ज़ा ने टोका -

'अगर कचहरी के फ़ैसले भी ख़ुदा करेगा हीरालाल, तो फिर आप किस बात की वकालत करते हैं? आपको मुक़दमा सौंपा था कि मेरा हक़ मुझे दिला दें।'

हीरालाल मुस्कुरा दिए -

'और मेरा हक़? वह कब मिलेगा?'

मिर्ज़ा जूती पहनने लगे। हीरालाल को मिर्ज़ा के जवाब का इंतज़ार था।

'सारी ग़ज़ल तो अच्छी थी हीरालाल, ये मक़्ता अच्दा नहीं लगा...मेरा छिनी हुई पेंशन दिला दीजिए तो अपना हिस्सा ले लीजिए। जिराह का काम आपका है...हमसे दरख़्वास्त लिखवा लो...क़सीदा लिख देंगे...हाकिम की तारीफ़ कर देंगे शेरों में। आगे काम निकालना आपका काम है।'

मिर्ज़ा जाने के लिए खड़े हो गए। इस बीच हरगोपाल तफ़्ता दाख़िल हो गए। तफ़्ता मिर्ज़ा को देखकर हैरान हो गए।

'आप यहाँ क्या कर रहे हैं, उस्ताद?'

मिर्ज़ा ने लम्बी साँस ली।

'अब तक तो सबसे महफ़ूज़ जगह यही थी। मगर अब हीरालाल भी मुआवज़ा माँगने लगे हैं। चलता हूँ। आदाब।'

मिर्ज़ा एकदम लिकल गए। तफ़्ता मिर्ज़ा की जगह बैठ गए और बात वहीं से शुरू की जहाँ मिर्ज़ा ने छोड़ी थी।

'आदाब हीरालाल जी, इस आदमी जैसा इंसान दूसरा नहीं देखा। पैर के अँगूठे से लेकर सर के तालू तक दिल ही दिल है।'

'सिर्फ़ दिल से तो काम नहीं चलता, भई गोपाल। दिमाग़ की भी ज़रूरत पड़ती है। दस से पाँच हज़ार हुई उनकी पेंशन। पाँच से तीन, और अब साढ़े

सात सौ रुपये। इनका अपना हिस्सा कुल बासठ रुपये आठ आने...यानी मिर्ज़ा जो असल के हक़दार हैं यूँ ही रह गए।'

'कुछ मिलने की उम्मीद है?'

'सब मिल जाए तो मालामाल हो जाएंगे और न मिला तो कंगाली में उम्र कटेगी।'

'पर कुछ मिलने की उम्मीद है?'

'सब कम्पनी बाहदुर की मर्ज़ी पर है। सच तो यह है कि अपने बादशाहों की अब कुछ नहीं चलतीं।'

तफ़्ता ने वही सवाल तीसरी बार किया -

'पर मैं पूछता हूँ, कुछ मिलने की उम्मीद है?'

'मेरा ख़्याल है, जनरल मेटकाफ़ ही कुछ कर सकता है और वह आजकल कलकत्ता में है।'

'तो कलकत्ता जाना होगा?'

हीरालाल ने 'हाँ' में सर हिला दिया।

5

पुरानी दिल्ली की एक अँधेरी गली में जहाँ और कई गलियाँ आकर मिलती हैं, वहाँ कुछ जुआरी कौड़ियाँ खेल रहे थे। सादिक़ मियाँ के चौबारे पर शहर कोतवाल की नज़र रहती थी। यहाँ कोई ख़्दशा नहीं था। एक गली से फ़िद्दन मियाँ आते नज़र आए। वह भी जुआरियों के मजमा के पास आन पहुँचा। जुआरी आवाज़ लगा रहा था।

'चित पर दो...चित पर दो।'

दूसरे जुआरी ने हाँक लगाई। फ़िद्दन एक मकान की सीढ़ियों के पास पहुँच गया। 'पट पे तीन...'

फ़िद्दन आधी सीढ़ी ही चढ़ा था कि पुलिस आ गई। फ़िद्दन रुका। उसने जुआरियों को भागते देख लिया। वह जल्दी-जल्दी ऊपर चढ़ने लगा कि दो सिपाही ऊपर से नीचे उतरे। फ़िद्दन के भागने के रास्ते बंद हो गए। ऊपर

से उतरते सिपाही ने फ़िद्दन का गिरेबान पकड़ा, फ़िद्दन ने एक कोशिश की। झटके से गिरेबान छुड़ाकर ज़ीने से कूद पड़ा। झट से उसके हाथ की पोटली गिर पड़ी और खुल गई। सोने के ज़ेवर झनझनाकर ज़मीन पर बिखर गए। वह ज़ेवर बटोरने लगा कि ऊपर से उतरनेवाले सिपाही ने से फिर आ-दबोचा। फ़िद्दन चिल्लाता रहा।

'रहम करो...मेरे ज़ेवरात...मैं जुआ नहीं खेल रहा था। ज़ेवरात मेरे...'

'झूठ बोलते हो तुम...चलो।' और पुलिसवाले फ़िद्दन को ज़ेवरात के साथ घसीटते हुए ले गए।

6

टूटा हुआ बदहाल फ़िद्दन कोतवाले शहर के सामने लाया गया। वह डर के मारे काँप रहा था। कोतवाल ने एक छड़ी मेज़ पर मारी और फ़िद्दन को डाँटकर पूछा –

'जुआ खेल रहा था?'

फ़िद्दन की कँपकँपी छूटी –

'आप तो जानते हैं मुझे हुजुर, मैं बिलकुल जुआ नहीं खेलता। मुझे तो ख़्वाहमख़्वाह ही...'

कोतवाल ने डपट के पूछा –

'ये ज़ेवरात किसके हैं?'

फ़िद्दन मजबूर था। जवाब नहीं दिया।

'कहाँ ले जा रहा था?'

'बे...बे...'

'बेचने ले जा रहा था?'

फ़िद्दन ख़ामोश रहा। कोतवाल ने दूसरा सवाल किया। फ़िद्दन को जवाब देना पड़ा।

'हूँ...'

कोतवाला की लाल-लाल आँखें उसपर जमी हुई थीं। उसने तीसरा सवाल किया -

'किसने भेजा था?'

फ़िद्दान ने कोई जवाब नहीं दिया। अपनी नज़रें चुरा लीं।

'नवाब जान ने भेजा था?'

'न... न... नहीं।'

'तो मलका ने?... उसकी माँ ने?'

फ़िद्दन ने सच-सच कहा -

'नहीं...'

'चोरी की तुमने?'

फ़िद्दन कोतवाल का मुँह देखता रहा। उसे चुप देखकर कोतवाल को गुस्सा आ गया।

'तू चोरी भी करता है? चर्सी...'

एक ज़न्नाटेदार तमाचा पड़ा। फ़िद्दन की घिग्घी बँध गई और वह लड़खड़ाकर फ़र्श पर आ गिरा।

7

कोतवाल शहर - था तो नवाब जान का शैदाई, मगर कम्पनी बहादुर के कानून का मुहाफ़िज़ भी था। बिना वर्दी आया था, मगर मुजरा सुनने के लिए नहीं आया था। वह तफ़तीश करने के लिए आया था और नवाब जान फ़िद्दनी की तरफ़दारी करती रही।

'उसने चोरी नहीं की। छोड़ दीजिए उसे।'

कोतवाल का लहजा सख़्त था। इश्क़ अपनी जगह है। किसी भी मुजरिम की सिफ़ारिश उसके लिए नाक़ाबिले बर्दाशत थी।

'झूठ मत बोलो। फ़िद्दन ख़ुद इक़बाल कर चुका है अपने जुर्म का।'

नवाब जान भी तैश में आ गई -

'उसे मैंने भेजा था... ज़ेवरात बेचने के लिए सेठ सुखचैन के पास।'

कोतवाल कुछ नरम पड़ गया –

‘ज़ेवरात बेचने की तुम्हें क्या ज़रूरत पड़ गई?’

‘ज़रूरत थी... किसी का क़र्ज़ देना है।’

‘हू...’

कोतवाल अपनी जगह से उठा और बैठक में चहलक़दमी करने लगा। फिर अचानक उसके ज़हन में बिजली-सी कौंधी।

‘ओहो!... सेठ सुखचैन! वह मिर्ज़ा ग़ालिब पर कड़की (कुरकी) लानेवाले हैं। है ना?’

नवाब जान ने उसकी तरफ़ ज़हरआलूदे नज़रों से देखा और कोई जवाब नहीं दिया। नवाब जान की गुस्ताख़ी कोतवाल को अच्छी नहीं लगी।

8

दिल्ली के एक सुनसान इलाक़े में शहर से थोड़ी दूर कीकर के पेड़ और अमरायों से होते हुए एक इक्का दरगाह की जानिब जा रहा था। इक्के में अकेली नवाब जान। इक्के के पीछे पर्दा लगा हुआ था।

दरगाह के बाहर चहल-पहल थी। फूलवालों की, तबरूक बेचनेवालों और बिसतियों के खोखे लगे थे। मिर्ज़ा ग़ालिब एक दुकानदार से चादर ख़रीद कर आ रहे थे कि उनके पास ही नवाब जान का परदादार इक्का रुका। परदे के पीछे से आवाज़ आई –

‘मिर्ज़ा...’

ग़ालिब रुक गए और इक्के की तरफ़ देखा। नवाब जान इक्के से उतरी।

‘आदाब अर्ज़ करती हूँ, मिर्ज़ा।’

ग़ालिब ने नवाब जान को पहचाना।

‘आप तशरीफ़ नहीं लाए हामरे कोठे पर। बहुत राह देखी आपकी। हमारी मेहँदी भी फीकी पड़ गई, देखिए न।’

सचमुच मेहँदी फीकी पड़ गई थी। नवाब जान ने हाथ बढ़ाकर दिखाए। ग़ालिब ने देखा। एक हथेली पर मेहँदी फीकी पड़ गई थी। नवाब जान ने

हाथ बढ़ाकर दिखाए। ग़ालिब ने देखा। एक हथेली पर मेहँदी से 'मिर्ज़ा' लिखा गया था, दूसरी हथेली पर 'ग़ालिब'। मिर्ज़ा ने आह भरी।

'देखा आपने! बेचारी का रंग उड़ गया है?'

ग़ालिब उसे देखते रहे। कहा कुछ भी नहीं।

'देखिये न ज़र्द पड़ गयी है।'

ग़ालिब ज़रा रुके, फिर कहा –

'था ज़िंदगी में मर्ग का खटका लगा हुआ
उड़ने से पेशतर भी मेरा रंग ज़र्द था।'

नवाब जान बुत की मानिंद खड़ी रही, जैसे इस शेर के तस्व्वर को ओढ़ लेना चाहती हो।

'वाह! किस-किस शेर पे सर धुनूँ। किस-किस शेर पे जान दूँ।'

ग़ालिब ने अपनी कैफ़ियत बयान की थी, वह ख़ामोश रहे।

'यहाँ कैसे? मैंने सुना कि आप...'

'चद्दर चढ़ाने आया हूँ, नवाब जान।'

पहली बार मिर्ज़ा के मुँह से अपना नाम सुनकर नवाब जान मख़्मूर हो गईं –

'अल्लाह!'

'किसी आनेवाले की ज़िंदगी के लिए दुआ कर रहा हूँ...और तुम?'

नवाब जान के लहजे में एक इशारा था। उसने अपने आने की वजह बयाँ की –

'मैं भी किसी की कामयाबी के लिए दुआ माँगने आई थी।' ग़ालिब ने आह भरी और कहा।

'आह को चाहिए इक उम्र असर होने तक...

नवाब जान सुनती रही। सर धुनती रही। फिर एक यक़ीन से कहा –

मिर्ज़ा ग़ालिबः एक स्वानही मंज़रनामा

'मेरे औलिया ने आज तक मेरी हर दुआ क़बूल की है। ये भी करेंगे, देखिएगा। किसी रोज़ मेरे शायर दिल्ली के सरताज शायर होंगे।'

'तुम्हारी दुआ क़बूल हुई तो एक दोशाला तुम्हें ज़रूर पेश करेंगे, तुम्हारे घर आकर।'

नवाब जान का गला भर आया।

'मेरे ग़रीबख़ाने पे आयेंगे आप? एक बार, सिर्फ़ एक बार, मिर्ज़ा।' नवाब जान की भीगी आँखों ने मिर्ज़ा को देखा।

'आऊँगा, ज़रूर आऊँगा।'

औलिया की क़ब्र पर मिर्ज़ा ने चादर चढ़ाई और दुआ में हाथ उठ गए। नवाब जान ने फूल चढ़ाए और शुकराना अदा किया।

'इश्क़ मुझको नहीं वहशत ही सही
मेरी वहशत तेरी शोहरत ही सही।'

बाहर आकर दोनों ने सीढ़ियों को छुआ। मिर्ज़ा ने अपनी राह ली। नवाब जान उन्हें देखती रही।

'हम भी दुश्मन तो नहीं हैं अपने
ग़ैर को तुझसे मुहब्बत ही सही।'

नवाब जान अपने इक्के की जानिब बढ़ी। इक्का चल दिया।

'हम कोई तर्के वफ़ा करते हैं
न सही इश्क़ मुसीबत ही सही,

इश्क़ मुझको नहीं वहशत ही सही
मेरी वहशत तेरी शोहरत ही सही।'

नौ

1

नवाब जान मूढ़े पर बैठी थी और एक मुशाता उसके बाल बना रही थी। नवाब जान तरन्नुम में ग़ज़ल गुनगुना रही थी –

किसी को दे के दिल, कोई नवासंजे फ़ग़ाँ, क्यूँ हो
न हो जब दिल ही सीने में ते फिर मुँह में जुबाँ क्यूँ हो।

अचानक यही धुन सारंगी पर सुनाई दी। नवाब जान जैसे सोते में जाग गई।
'नमी चंद आ गए...?'
फिर उसने अपने सारंगीनवाज़ नमी चंद को आवाज़ दी –
'नमी चंद।'
नमी चंद की सारंगी ने दीवानख़ाने से जवाब दिया। नवाब जान मुस्करा पड़ी।
'जादू है इस आदमी के हाथ में।'
मुशाता भी मुस्करा दी और पूछा –
'मिर्ज़ा ने क्या कहा, बीबी जी?'
नवाब जान ने दूसरा शेर गाया –

'यही है आज़माना तो सताना किसको कहते हैं
अदू के हो लिए जब तुम तो मेरा इम्तिहाँ क्यूँ हो।'

हाजी मीर के कुतुबख़ाने में मिर्ज़ा कोई क़िताब देख थे कि बाहर शेर का यह हिस्सा सुनाई दिया –

'अदू के हो लिए जब तुम तो मेरा इम्तिहाँ क्यूँ हो?'

हाजी मीर ने मिर्ज़ा को देखा और मिर्ज़ा आँखों-आँखों में पूछ बैठे -

'ये मेरे अशार कोठे तक कौन पहुँचाता है?'

'भई क़दरदान हैं तुम्हारे। मुझसे माँगते हैं तो मैं इंकार नहीं करता। दिन में कितनी बार तुम्हारी ख़ैरियत पूछते हैं और मैं तुम्हारी रूदाद कहते नहीं थकता।'

इस बीच अगला शेर सुनाई दिया -

'क़फ़स में मुझसे रूदादे चमन कहते न डर हमदम
गिरी है जिस पे कल बिजली, वो मेरा आशियाँ क्यूँ हो।'

ग़ालिब ने क़िताब बंद की और जाने के लिए तैयार हो गए।

हाजी मीर ने सवाल किया -

'कहाँ चले?'

'मुझे अपने क़दमों पे ज़ोर नहीं। डरता हूँ किसी ऐसी राह पे न चल पड़ूँ, जहाँ ख़ुद ही अपना रहज़न हो जाऊँ... ख़ुद ही को लूट लूँ।'

ग़ालिब चले गए। वह निकले ही थे कि फ़िद्दन दाख़िल हुआ।

'आदाब! नवाब जान ने पूछा है, क्या मिर्ज़ा ग़ालिब आये थे या आयेंगे? या कोई पैग़ाम है उनका?'

हाजी मीर उसकी तरफ़ देखते रह गए।

ऊपर कोठे पर नवाब जान मूढ़े पर बैठी थी। मुशाता अभी तक बाल बना रही थी। दीवानख़ाने से सारंगी की आवाज़ सुनाई दे रही थी।

मुशता ने अपना ख़्याल ज़ाहिर किया -

'मुझे तो मिर्ज़ा कुछ ऐसे वफ़ा शुआर नहीं लगते।'

नवाब जान ने एक और शेर कहा -

'वफ़ा कैसी, कहाँ का इश्क़, जब सर फोड़ना ठहरा
तो फिर ऐ संगदिल, तेरा ही संगे आस्ताँ क्यूँ हो?'

नवाब जान की आँखें भर आईं। दीवानख़ाने से नमी चंद की सारंगी ने एक दर्दनाक आलाप छेड़ा।

2

नानबाई की दुकान के बाहर चंद लोगों के साथ मिर्ज़ा ग़ालिब बैठे थे। भोला उन्हें नई मोजड़ी पहना रहा था। भोला बहुत बातूनी है।

'अजी बहुत पूछा। कोई हमारे असद भैया का घर बता दो। आगरा में बहुत जूतियाँ पहनाई हैं उन्हें, मगर कोई ख़ुदा का बंदा...'

'ख़ुदा के बंदों से हमारा क्या सरोकार, भोले नाथ, किसी मयख़ाने से पता किया होता...और असद नहीं, दिल्ली में ग़ालिब के नाम से बदनाम हूँ।'

दूसरा ग्राहक जो एक मोजड़ी पहनने की कोशिश कर रहा था, उसने नाराज़गी जताई –

'अरे भाई! ये तो बहुत काटती है?'

'अब हज़रत, उसके मुँह में पाँव डालेंगे तो काटेगी नहीं तो क्या करेगी?'

'बड़े बदतमीज़ हो मियाँ?' ग़ालिब ने बीच-बचाव किया।

'बुरा न मानिये जनाब, ज़रा मुँह लगा मोची है। लेकिन जूतियाँ अच्छी बनाता है।' भोला ने ताइद की, अपनी तारीफ़ में ही सही।

'और यूँ भी साहब, दिल्ली में आगरा की जूती चलती है। क्यूँ असद भैया?'

'हाँ बस...जूती ही चलती है।' ग़ालिब को पीछे से किसी ने कोहनी मारी।

'मिर्ज़ा...आ रहे हैं।' ग़ालिब ने उसकी तरफ़ देखा।

'कौन आ रहे हैं, भई?'

'उस्ताद ज़ौक़ आ रहे हैं...पालकी में।'

उस्ताद ज़ौक़े की पालकी मिर्ज़ा के पास से गुज़री। उनके मुलाज़िम पालकी के पीछे-पीछे दौड़ रहे थे। ग़ालिब ने पालकी देखकर तंज़ किया।

'हुआ है शह का मुसाहिब, फिरे है इतराता।'

ग़ालिब के पास खड़े दो-एक अशख़ास ने दाद दी।

'वाह-वाह...मिर्ज़ा मुकर्रिर - इर्शाद फ़र्मायें।'

पास खड़े लोगों ने मिसरा दोहराया। भोला अपनी दुकानदारी में मसरूफ़ था। उसने पूछा -

'ये ज़ौक़ हैं?'

3

उस्ताद ज़ौक़ अपनी हवेली में अपने शागिर्दों से घिरे थे और ग़ालिब की फ़िकरेबाज़ी पर नाराज़ थे। शागिर्द अपने-अपने अंदाज़ में नाराज़गी जता रहे थे।

'अरे साहब, ख़ुद तो शाहों की सोहबत के क़ाबिल नहीं और उस्ताद पे जुमले उछालते हैं।'

'निहायत ओछी हरकत की है मिर्ज़ा ने।'

'याद नहीं, जब मुशायरे से दुम दबाकर भाग गए थे।'

'आती जुमेरात मुशायरा है।' एक शागिर्द ने उस्ताद को राय दी।

'बुलवा लीजिए क़िले में। मट्टी पलीद करके भेज़ेंगे।' दूसरे ने कहा।

'आमाँ! वो क्यूँ आने लगे क़िले में। क्या जानते नहीं कि वली अहद खड़े-खड़े निकलवा देंगे।'

ज़ौक़ अब तक सिर्फ़ सुन रहे थे चुपचाप। फिर सोचकर हुक्म सुनाया -

'तुम दावतनामा भेज दो।'

फिर एक शागिर्द यास से मुख़ातिब हुए -
'और सुनो यास, तुम बहादुरशाह ज़फ़र से इस वाक़िये का ज़िक्र ज़रूर कर देना।

4

दिल्ली की एक सुनसान सी सड़क पर इक्केवाला एक फ़िरंगी से झगड़ा रहा था। कोचवान बिद्दू मियाँ थे, जो आगरा से आए थे और फ़िरंगी विलयम फ्रेज़र था। उसकी बीवी भी साथ भी। बिद्दू मियाँ समझाने की कोशिश कर रहे थे।

'अरे साहब, आप समझते क्यूँ नहीं। हम किसी चर्च-पर्च को नहीं जानते, हम नहीं जाएंगे।'

विलयम फ्रेज़र ने समझाने की कोशिश की -

'चर्च मिन्स गिरजा - गिरजा।'

अरे भई, गिरजा या उठजा। हमें क्या लेना है उससे? हम थके हुए हैं। हम दो घड़ी आराम करेंगे सराय में।'

इस बीच आस-पास कुछ लोग खड़े हो गए। उनमें एक मौलवी साहब भी थे। फ्रेज़र ने मौलवी साहब को समझाया।

'मौलाई साब (मौलवी साहब), तुम इसको समझाओ, हम और हमारा फ़ैमिली चर्च जाना माँगटा (माँगता)। उसको बोलो...चलो...चलना माँगटा।'

बिद्दू मियाँ बगड़ गए -

'अरे ज़बरजस्ती है कोई? मौलवी साहब इससे कहिए, चौराहे तक चला जाये और वहाँ से दूसरा ताँगा ले ले। हम कल के निकले हैं आगरा से और अब जाकर दिल्ली पहुँचे हैं। हम थके हैं और हमसे ज़्यादा हमारा घोड़ा थका हुआ है। वह और नहीं चल सकता।'

मौलवी फ़िरंगी को बड़ा अफ़सर जानकर बिद्दू मियाँ को समझाने लगे -

'अरे भई कोचवाल, ये फ़िरंगी हैं। ख़्वाहमख़्वाह झमेला खड़ा करेगा।'

'तो इंगलिस्तान में जाकर झमेला खड़ा करे। यहाँ क्या लेना-देना है इसे। यहाँ कोई इसके बाप की हुकूमत है।'

फ्रेज़र उर्दू जानता था। पहले ही से आगरा का लहजा और मुक़ामी बोली-ठोली उसको समझ में आ रही थी। वह समझ गया कि कोचवान बड़ा बदतमीज़ है। हुक्मअदुअली कर रहा है और कम्पनी बहादुर की शान के ख़िलाफ़ बात करता है। फ्रेज़र ने छड़ी इक्का पर मारी -

'किसका बाप बोलटा टुम-टोमारा बाप...'

फ्रेज़र की बीवी यह देखकर घबरा गई -

'डार्लिंग... डार्लिंग...'

बिद्दू मियाँ आपे से बाहर हो गए। उसने फ्रेज़र की छड़ी पकड़ ली। छड़ी के दो टुकड़े किए और फ्रेज़र को धक्का दिया। फ्रेज़र ने धमकी के अंदाज़ में कहा -

'टुम जानटा हम विलयम फ्रेज़र है।'

मौलवी साहब ने बिद्दू मियाँ को समझाया -

'तुम भाग लो यहाँ से। ख़्वाहमख़्वाह ही दंगा हो जाएगा, फ़िरंगियों के साथ...'

बिद्दू मियाँ कहाँ मानने वाले -

'हो जाए! साले गिनती के हैं। भून के रख देंगे।-

'बात मत बढ़ाओ इस वक़्त, निकल जाओ।'

फ्रेज़र की बीवी सहमी हुई थी। फ्रेज़र भी आपे से बाहर था। दो-चार ने फ्रेज़र को पकड़ रखा था, ताकि मामला बिगड़ न जाए।

'चोड़ो (छोड़ो) चोड़ के - बासटर्ड - हम डेखेगा उसको...'

फ्रेज़र की बीवी डर के मारे काँप रही थी। कुछ सरफिरे नौजवान तैश में आगे बढ़ आए।

'ले चलो मस्जिद में - साले को कलमा पढ़वाते हैं।'

'ले चलो, अहले सुन्नत में शामिल कर लेते हैं'

'अब बिद्दू मियाँ समझ गया कि मामला बिगड़ रहा है। बिद्दू मियाँ माहौल

की नज़ाकत देखकर बोले –

'मौलवी साहब, मिर्ज़ा नौशा के यहाँ लाला बंसीधर आये हैं। उनको ख़बर पहुँचा दीजिऐगा।

'बेफ़िक्र रहो, हम देख लेंगे।'

बिद्दू मियाँ इक्का हाँककर सराय की तरफ़ चला गया।

5

मिर्ज़ा ग़ालिब बंसीधर के साथ छत पर बैठे थे और उनके हाथ में क़िले के मुशायरे का दावतनामा था। ग़ालिब ने दोस्त के आने का शुक्रिया अदा किया।

'भई जब भी आते हो, अच्छा शगुन लेकर आते हो। ये देखो बाशा का दावतनामा। उस्ताद ज़ौक़ ने भिजवाया है।'

'मुबारक हो, मैं जानता था। आख़िर कब तक बकरे की माँ ख़ैर मनाएगी।'

दोनों दोस्तों ने हाथ मिलाए। ग़ालिब ने राज़दाराना अंदाज़ में बंसीधर से पूछा –

'अच्छा यह बताओ, उस्ताद और बाशा में बकरा कौन है और माँ कोन?'

दोनों हँस पड़े। बिल्ली के बच्चे ने ऊपर की तरफ़ देखा। वह तशतरी में पड़ा दूध चाट रहा था। बंसीधर ने दोस्त को ताकीद की –

'फिर भी मोहतात रहाना। उस्ताद ज़ौक़ दरबार में तुम्हारे पाँव नहीं जमने देंगे।'

ग़ालिब ने अपने अंदाज़ में पेशनगोई की –

'हम सुख़न हैं ग़ालिब के तरफ़दार नहीं।'

6

क़िले के अंदर – मुशायरे की शाम थी। जाली में से दीवानेआम का नज़ारा दिख रहा था। शायरों में ज़ौक़ की बग़ल में वली और ज़फ़र, ग़ालिब, मुफ़ती वग़ैरह बैठे थे। ज़फ़र ने मुशायरा शुरू होने से पहले हाज़रीन की तरफ़ देखकर कहा –

'हम मश्कुर हैं उन तमाम शोरा और उन सुख़नवर हज़रात के जो आज के मुशायरे में शरीक हो रहे हैं। लेकिन मुशायरे के इफ़तता से पहले हम एक बात वाज़य कर देना चाहते हैं कि कुछ शोरा हज़रात शायद हमारे उस्ताद शेख़ इब्राहीम ज़ौक़ से नालां हैं और सरेराह उनपर जुमले करते हैं, जो उनके अपने वक़ार को ज़ेब नहीं देता। हम चाहते हैं कि वह ऐसा न करें और आइंदा बाहमी आपसी आदाबओ इख़लाक़ की पाबंदी में रहें।'

ग़ालिब समझ गए कि बात किसकी हो रही है। लेकिन शोरा में से आज़रदा ने कहा –

'ऐसी गुस्ताख़ी हममें से कोई नहीं कर सकता है, हुजूर।'

'यास' मौक़ै की तलाश में था। उसने सामने आकर ग़ालिब पर वार किया – 'मिर्ज़ा नौशा ने सरेराह उस्ताद की शान में जुमला कसा और कहा।'

यास रुक गया। महफ़िल में सन्नटा छा गया। सभी मिर्ज़ा ग़ालिब की तरफ़ देखने लगे।

आज़रदा ने पूछा –

'क्या कहा...'

हुआ है शह का मुसाहिब फिरे है इतराता।

महफ़िल में चीमोगोयाँ होने लगीं। ज़फ़र ने सीधे ग़ालिब से मुख़ातिब होकर पूछा –

'क्या यह सच है, मिर्ज़ा नौशा?'

ग़ालिब ने इक़बाले जुर्म किया –

जी हुजूर, सच है। मेरी ग़ज़ल के मक़्ता का मिसरा ऊली है।' नाज़रीन चौंकन्ना हो गए।

आज़रदा ने पूछा –

'मक़्ता इरशाद फ़र्मायेंगे आप?'

ग़ालिब ने सर हिलाकर 'हाँ' कर दी –

'हुआ है शह का मुसाहिब फिरे है इतराता।'

ग़ालिब ने अबु ज़फ़र की तरफ़ देखकर दोराया –

'हुआ है शह का मुसाहिब फिरे है इतराता।'

फिर एक लम्बी साँस लेकर शेर पूरा किया –

'वगरनः शहर में ग़ालिब की आबरू क्या है।'

अब यास के चौंकने की बारी थी। आज़रदा ने बेअख़्तियार शेर की दाद दी –

'वाह! बहुत ख़ूब, बहुत ख़ूब, मिर्ज़ा!'

ज़फ़र ने ज़ौक़ की तरफ़ देखा। ज़ौक़ ने बात आगे बढ़ाई –

'अगर मक़्ता इतना ख़ूबसूरत है तो पूरी ग़ज़ल क्या होगी, सुनी जाए।'

ज़फ़र ने ग़ालिब से गुज़ारिश की –

'मिर्ज़ा, अगर ज़हमत न हो तो पूरी ग़ज़ल सुनाएं। आज के मुशायरे का आगाज इसी ग़ज़ल से किया जाए।'

रावी ने एलान किया –

'शमा महफ़िल असद उल्लाह ख़ान ग़ालिब के सामने लाई जाती है।'

मिर्ज़ा ने जेब टटोली, काग़ज़ निकालकर उँगलियों में रखा और तरन्नुम से अपनी ग़ज़ल पेश की –

हर एक बात पे कहते हो तुम कि तू क्या है
तुम्हीं कहो कि ये अंदाज़े गुफ़्तगू क्या है

नाज़रीन ने वाह-वाह की, शोरा ने भी और ख़ुद वली अहद अबु ज़फ़र ने भी।

ग़ालिब ने दूसरा शेर पेश किया -

रगों में दौड़ते फिरने के हम नहीं क़ायल
जब आँख ही से ना टपका तो फिर लहू क्या है

मुशायरे में नई जान आ गई। चारों तरफ़ मिर्ज़ा ग़ालिब की वाह-वाह होने लगी। ख़ुद अबु ज़फ़र भी दाद देते रहे। ज़ौक़ भी इस शेर पर दाद दिये बग़ैर न रह सके।

मुफ़ती सदरूद्दीन ग़ालिब के पास ही बैठे थे। उन्होंने झुककर ग़ालिब के सामने काग़ज़ पर लिखी ग़ज़ल को देखा। काग़ज़ बिलकुल कोरा। उधर नाज़रीन वाह-वाह कर रहे थे। मुकर्रर मुकर्रर...की आवाज़ें आ रही थीं।

रगों में दौड़ते फिरने के हम नहीं क़ायल।

7

मिर्ज़ा के घर के बाहर गली में - हाफ़िज़ ने गाते हुए शेर को मुकम्मिल किया -

'जब आँख ही से न टपका तो फिर लहू क्या है'
ग़ज़ल सारे दिल्ली में उड़ी, जगह-जगह गूँजी।

चिपका रहा है बदन पर लहू से पैराहन
हमारी जैब को अब हाजते रफ़ू क्या है

जला है जिस्म जहाँ, दिल भी जल गया होगा।

8

नवाब जान ने भी यहीं से आलाप लिया और मिसरा उठा लिया –

जला है जिस्म जहाँ, दिल भी जल गया होगा
कुरेदते हो जो अब राख जुस्तजू क्या है

रही ना ताक़ते गुफ़्तार और अगर हो भी
तो किस उम्मीद पे कहिए कि आरजू क्या है।

दस

1

चंडूख़ाना और वक़्त रात का था। अँधेरा और धुआँ चारों तरफ़। दो-एक नशाख़ोर इधर-उधर पड़े थे। ओज, ख़ुर्शीद के पास आकर बैठ गया। उसके घुटने पर दस्तक दी। बड़ी मुश्किल से खुर्शीद ने आँखों के पट खोले। उसने बड़ी मुश्किल से ओज को पहचाना।

'अबे, तू फिर आ गया...अभी तो गया था।'

'मैं तो यह पूछना ही भूल गया था कि आज कौन-सा दिन है।'

'चार शंबा।'

'हूँ...'

'तो मुशायरा किस रोज़ हुआ था?'

'कौन सा? मिर्ज़ा ग़ालिब का?'

'लो बेटा! कहाँ तो उस आगरे वाले का नाम लेना पसंद नहीं था और अब मुशायरा ही उसके नाम मनसूब कर दिया।'

'अमाँ - ओज भाई -...क्या बतायें - यास मिर्ज़ा ने क़सम दिलवाई थी कि एक ल्फ़ज़ मुँह से नहीं निकलेगा। लेकिन बेअख़्तियार मुँह से 'वह' निकल गई।'

'हमने तो बहुत ज़ब्त किया भई! क्या करते...जब उस्ताद 'ज़ौक़' खुद ही तारीफ़ पर तुल गए तो हमने भी...'

इस बीच एक और नशाख़ोर उनकी बातचीत में शामिल हो गया। नोआमद नशाख़ोर ने ओज की जाँघ पर हाथ मारते हुए कहा -

'ओज भाई...इसी बात पर हो जाए एक चिलम। अब तो ग़ालिब भी दिल्ली के हो गए।'

कहने की ज़रूरत ही न पड़ी ठेकेदार के आदमी ने दो चिलम भेज दी।

2

अबु ज़फ़र की बैठक में - उस्ताद ज़ौक़ वली अहद के साथ बैठे थे। ज़फ़र ने ग़ालिब का शेर दोहराया -

'होगा कोई ऐसा भी कि ग़ालिब को न जाने।'

ज़ौक़ मुस्कुराए -

'शायर तो वह अच्छा है, पर बदनाम बहुत है।'

दोनों हँस पड़े।

'ये शेर अपने ही हाल पे कहा है मिर्ज़ा नौशा ने। दिल्ली में शायद ही कोई ऐसा सुख़ननवाज़ होगा, जो आज ग़ालिब को न जानता हो।'

'सिर्फ़ सुख़ननवाज़ ही नहीं हुज़ूरेआला - कोई चौपड़बाज़ - जुएबाज़ - मय-ख़ोर - सूदख़ोर।'

ज़फ़र सोच में पड़ गए।

'मिर्ज़ा फ़ख़रू हमारे बड़े साहबज़ादे ने, मिर्ज़ा ग़ालिब की शागिर्दी में जाने की ख़्वहिश ज़ाहिर की है।'

'हूँ...'

फिर ज़ौक़ ख़ामोश हो गए। ज़फ़र ने उस्ताद की चुप्पी तोड़ी -

'आप क्या मशविरा देते हैं?'

ज़ौक़ ख़ामोश रहे।

ज़फ़र ने फिर पूछा -

'ग़ालिब के बारे में आपका क्या ख़्याल है?'

ज़ौक़ ने फिर वही शेर का बंद दोहराया- '...शायर तो वह अच्छा है, पर...' ज़फ़र ने हँसते हुए मकता पूरा किया, '...पर बदनाम बहुत है।'

हँसी थोड़ी देर में थम गई। वली अहद ने बड़ी संजीदगी से उस्ताद की राय जाननी चाही थी।

उस्ताद ज़ौक़ ने संजीदगी से जवाब दिया -

'शाही ख़ानदान में उठने-बैठने के लयाक़ नहीं है...और शाहज़ादा फ़ख़रू अभी जवाँ साल हैं। इस उम्र में जुए, शराब की लत बड़ी जल्दी पकड़

लेती है। शहर का कोई सूदख़ोर नहीं, जिससे मिर्ज़ा ने क़र्ज़ा न ले रखा हो। कभी नमाज़ नहीं पढ़ी। कोई रोज़ा नहीं रखते, पूछो तो फ़र्माते हैं –'

जिस पास रोज़ा खोलकर, खाने को कुछ ना हो
रोज़ा अगर ना खाये, तो लाचार क्या करे।'

लेकिन अबु ज़फ़र ने कुछ और ही सुना था –

'सुना है, हज़रत अली रज़ी अल्लाह अन्ह के पैरोकार हैं। उन्हीं का एक शेर है –

क्या ग़म है उसको जिसका अली सा इमाम हो

इतना भी ऐ फ़लकज़दा क्यूँ बेहवास है।'
ज़ौक़ ने अपनी जानकारी दे दी –

'शिया कब और कैसे हुए, पता नहीं, क्योंकि उनके वालदेन और ननिहाल के लोग तो सुन्नी तरीक़े के पाबंद थे।'

'ग़ालबन मुल्ला अब्दुलसमद की सोहबत का दख़ल रहा होगा। मिर्ज़ा ने तेरह-चौदह बरस की उम्र तक उन्हीं से तालीम हासिल की...फिर भी मेरा ख़्याल है, किसी शायर के शेरों से उसके मज़हबी एतकाद का अंदाज़ा लगाना दुर्सत नहीं।'

'जी हाँ, गर कोई एतक़ाद हो।'

ये उस्ताद की चोट थी मिर्ज़ा पर। लेकिन जैसे वली अहद ने ध्यान ही न दिया। वह ग़ालिब को याद कर रहे थे –

'ग़ालिब नज़र नहीं आए उस मुशायरे के बाद। मियाँ फ़ख़रू उनसे बहुत मुत्तासर हो गए हैं। मेरा ख़्याल है कि पैग़ाम भेजा जाए उनके घर।'

ज़ौक़ ने आख़िरी वार किया –

'जी हाँ...लेकिन पैग़ाम कहाँ भेजिएगा? घर पर या किसी कोठे पर?'

3

मिर्ज़ा घर ही पर थे। घर का माहौल बदला हुआ था। मेहमान आए थे। शादयाना था। औरतें भरी हुई थीं – उमराव को घेरे हुए।

ढोलक पर बच्चे की आमद की ख़ुशी में मंगलगीत गाए जा रहे थे। आगरे से लाला बंसीधर और लालाइन भी आए थे। मेहमानों के बच्चे आँगन में खेल रहे थे।

मिर्ज़ा ग़ालिब के बच्चे को मिर्ज़ा ही जैसा चोग़ा और वेसी ही टोपी पहनाई गई थी। औरतें हँस रही थीं और उनमें वफ़ादार भी शामिल थी। एक औरत ने बताया –

'ये लिबास लाला बंसीधर के यहाँ से आया है। लालाइन ने अपने हाथों से सिया है।'

'कोई नाप तो था नहीं अपने पास, सो भाई सोचकर सी लाई।'

ऊपर ले जाओ भाई मर्दाने में, बड़े मिर्जा को दिखा लाओ।'

लालाइन ने ख़ुशी से कहा –

'हाँ-हाँ... दिखा लाओ, कहना उनके साहबज़ादे उन्हीं की सूरत लगते हैं।'

एक ने कहा –

'सिर्फ़ सूरत तक ही भली है। सीरत पे न जाएं तो अच्छा है।'

लालाइन को बुरा लागा, झट कहा –

'क्यूँ भई, सीरत में क्या बुराई है? माशअल्लाह बहुत बड़े शायर हैं। अब तो दिल्ली में भी लोहा मनवा लिया अपना।'

'उमराव से पूछो, वह ख़ुश है इस सीरत से?'

'क्यूँ नहीं, मुझे बहुत फ़ख़्र है उनकी ज़ात पर।'

औरतें हँस पड़ीं।

उमराव ने वफ़ादार से कहा –

'तू ऊपर ले जा छोटू को।'

ऊपर वाले कमरे में मिर्ज़ा, बंसीधर और दीगर दोस्त बैठे थे। तुफ़्ता भी

उनमें शामिल थे। मिर्ज़ा ने अपने क़ायदे के कुछ अशार पढ़े -

> तेग़ का हिंदी अगर तलवार है
> फ़ारसी पगड़ी की भी दस्तार है,
> नेवल रामू है और ताऊस मोर
> कुबक को हिंदी में कहते हैं चकोर।

दोस्तों ने तारीफ़ की। मुफ़्ती साहब ने सलाह दी -
'वाह मिर्ज़ा! अब तो बच्चों के लिए दो-चार क़ायद लिख डालिये। वह आपकी ज़बान ख़ूब समझेंगे।'
'वही समझेंगे, बड़ों से तो भर पाये।'
कहकहों और ठहाकों के बीच वफ़ादार छोटू को लेकर ऊपर आ गई अपने तुतलाते लहजे में दरवाज़े से ही पूछा -
'हम औल (और) छोटे मियाँ हाज़िल (हाज़िर) हो सकते हैं?'
'आइए-आइए, छोटे मियाँ, तशरीफ़ लाइए।'
अपना दुपट्टा ठीक करके वफ़ादार अंदर दाख़िल हो गई।
'आदाब बजा लाती हूँ। आदब कहिए छोटे मियाँ।'
बंसीधर बच्चे को देखकर बोले -
'अरे वाह! बिलकुल मिर्ज़ा नौशा ही लगते हैं।'
'तख़ल्लुस भी 'नौशा' ही रख दीजिए।' तफ़्ता ने मज़ाक़ किया।
'अरे मियाँ, इनका क़यदा सुना दीजिए इन्हें।' एक दोस्त ने याद दिलाया।
ग़ालिब ने बच्चे को गोद में ले लिया और फिर घोड़ा बनकर पीठ पर बैठा लिया।

> असपे जब हिंदी ने घोड़ा नाम पाए
> ताज़याना क्यूँ न कोड़ा नाम पाए,

चाह को हिंदी में कहते हैं कुआँ,
दउद को हिंदी में कहते हैं धुआँ

आजुल और आरोग़ की हिंदी डकार
म्ये शराब और पीनेवाला मए गुसार।'

अचानक बच्चा रो पड़ा। ग़ालिब ने समझाया –

'अरे भाई, शराब के नाम पे नाराज़ हो गए तुम? आख़िर उमराव के बेटे निकले न...? हमारा कोई असर नहीं हुआ तुमपर।'

वफ़ादार से बच्चे को आकर उठा लिया।

'क्या हुआ? क्यूँ लो लहे (रो रहे) हैं?'

ग़ालिब ने माफ़ी माँगी –

'कुछ नहीं...इनके लिए हिंदी, फ़ारसी का क़ायदा बना रहे थे। इन्हें बात अच्छी नहीं लगी।'

'उल्दू (उर्दू) सिखाए न – उल्दू (उर्दू) का क़ायदा लिख दीजिए इनके लिए।'

बंसीधर भी बोल पड़े –

'इन्हें एक ही ज़बान मानना चाहिए। यहीं तो पैदा हुईं-हिंदुस्तान में।'

'और क्या, लश्करों में जो मिली-जुली ज़बान बोली जाती थी, वही 'उर्दू' कहलाई। उर्दू के मानी ही लश्कर के हैं।' तफ़्ता ने भी अपनी मालूमात दी।

वफ़ादार बच्चे को ले जाते हुए बोली बच्चे से –

'ख़ुदा हाफ़िज़ कहो।'

वफ़ादार जाने लगी तो मिर्ज़ा ग़ालिब ने पूछा –

'अरे, अब कहाँ ले जा रही हैं इन्हें। क़लम-सियाही सूँघने दो ज़रा...अरे बाज़ौक़ लोगों में बैठेंगे तो कुछ...'

'बेगम साहिब इन्हें दलगाह (दरगाह) पे लेके जा लही (रही) हैं।'

'अभी से...'

'बच्चे के लिए शुक्लान (शक्राने) की चादल चलहानी (चादर चढ़ानी)

है ना।' वफ़ादार बच्चे को लेकर नीचे चली गई।

ग़ालिब को भी कुछ याद आया –

'ओहो...एक दोशाला का वादा हमने भी किया था।'

तुफ़्ती साहब ने पूछा –

'वाह किससे?'

'ये शोहरत उसी की दुआओं का नतीजा है।'

4

क़िले के मुशायरे में न सिर्फ़ मौक़ा मिला था, बल्कि पूरा मुशायरा ही लूट लिया था मिर्ज़ा ने। उनकी इस कामयाबी में जिनकी दुआएं थीं, उनको वादे के मुताबिक़ घर जाकर दोशाला देना था। बच्चे के जन्म को लेकर थोड़ी-बहुत परेशानी और बढ़ी, मसरूफ़ियत की वजह से दे नहीं पाए। आज याद आया तो दोशाला उठाकर नवाब जान के कोठे पर जा पहुँचे। ऊपर आते ही लगा, जैसे मकान सुनसान हो। बाहर का कमरा ख़ाली, दीवानख़ाना ख़ाली...अब लगा, मकान ख़ाली कर दिया गया था। फिर कुछ खटका हुआ। मिर्ज़ा ने देखा, फ़िद्दन मियाँ खड़े थे। फ़िद्दन हैरान।

'मिर्ज़ा नौशा, तसलीम अर्ज़ करता हूँ।'

ग़ालिब हैरान थे और परेशान भी, उन्होंने पूछा –

'नवाब कहाँ है? घर बदल दिया क्या?'

फ़िद्दन रुआँसा हो गया।

'अपनी क़िस्मत न बदल सकी हुज़ूर...तो शहर बदल लिया।'

'क्या हुआ? अचानक दिल्ली क्यूँ छोड़ गईं?'

'कोतवाले शहर ने चंद महीने से जीना मुश्किल कर दिया था। नवाब जान की ज़बान चलती थी कोतवाल के हाथ-पैर। मलका जान ने बहुत समझाया नवाब को...'

'मलका जान कौन?'

'नवाब जान की अम्मी! मगर नवाब पर तो इश्क़ का जुनून सवार था।

सच कहूँ मिर्ज़ा, इश्क़ नहीं, वहशत लगती थी।'

मिर्ज़ा ने मुड़कर देखा। सामने आदमक़ शीशा था। उसमें पहले अपनी तस्वीर दिखाई दी, फिर कुछ लिखावट नज़र आई। पास आकर देखा एक शेर था।

इश्क़ मुझको नहीं वहशत ही सही
मेरी वहशत तेरी शोहरत ही सही।

'ये नवाब ने लिखा है?'

'लिखा तो आपका है, लिखाई नवाब की है।'

आज दर्द उन्हें एक-दूसरे के क़रीब ले आया। नवाब जान के खो जाने का दर्द।

फ़िद्दन ने पूछा -

'क़िबला, कैसे सबके हालेदिल कह लेते हैं आप?'

मिर्ज़ा एक और दीवार की तरफ़ आ गए, वहाँ एक और शेर लिखा हुआ था। दबी आवाज़ में मिर्ज़ा ने पढ़ा -

क़ता कीजिए न ताल्लुक हमसे
कुछ नहीं है तो अदावत ही सही।

ग़ालिब ने देखा, फ़िद्दन पास ही खड़ा था।

'हमें देर हो गई, फ़िद्दन। नवाब का क़र्ज़ रह गया हमपर...'

मिर्ज़ा दरवाज़े की तरफ़ मुड़े, एक किवाड़ अर्ध-खुला था, उसे खोल दिया। किवाड़ के पीछे एक और शेर लिखा था। इस शेर को भी दबी आवाज़ में पढ़ा -

हम भी तसलीम की ख़ू डालेंगे
बेनियाज़ी तेरी आदत ही सही।

ग़ालिब को बड़ा पछतावा हुआ। उन्हें उसके पास आना चाहिए था। कितनी राह देखी होगी। उसने कितने पैग़ाम भेजे थे इस फ़िद्दन के हाथ, कितनी पूछताछ, खोज-ख़बर की थी हाजी मीर से। मिर्ज़ा ने फ़िद्दन से पूछा -

'कितने साल रहे नवाब जान के साथ फ़िद्दन मियाँ?'

'बचपन से... नवाब जान के बचपन से।'

फ़िद्दन दीवार से पीठ लगाकर खड़े हो गए।

'मलका जान की जवानी से साथ हूँ।'

मिर्ज़ा ने फ़िद्दन की तरफ़ देखा और पूछा -

'कितने साल हुए?'

फ़िद्दन क्या हिसाब करते! कह दिया -

'बेहिसाब...'

ग़ालिब ने सवाल किया -

'तो साथ क्यूँ नहीं गए?'

फ़िद्दन की आँखें भीग गईं। पहनी बार अपने जख़्म खोलकर दिखा दिए -

'बता के नहीं गईं।'

ग़ालिब ने आह भरी और एक शेर कहा -

> यार से छेड़ चली जाए असद
> गर नहीं वस्ल तो हसरत ही सही।

और तेज़ी से सीढ़ियाँ उतर गए।

5

वह रात बहुत भीगी और उदास रात थी। बीच-बीच में पानी बरसता। ग़ालिब अपने पढ़ने के कमरे में ख़त लिख रहे थे। बहुत सारी चिठ्यिाँ लिखी थीं। ये चिठ्यिाँ उन्होंने अपने दोस्तों, मेहरबानों, क़द्रदानों, अपने चाहनेवालों और

अपने शागिर्दों को लिखी थीं।

'हज़ारों ख़्वाहिशें ऐसी कि हर ख़्वाहिश पे दम निकले
बहुत निकले मेरे अरमान लेकिन फिर भी कम निकले,

निकलना ख़ुल्द से आदम का सुनते आए थे लेकिन
बहुत बेआबरू होकर तेरे कूचे से हम निकले,

ख़ुदा के वास्ते परदा ना काबा से उठा ज़ालिम
कहीं ऐसा ना हो याँ भी वही काफ़िरे सनम निकले,

कहाँ मैख़ाने का दरवाज़ा ग़ालिब, और कहाँ वाइज़
पर इतना जानते हैं कल वो जाता था कि हम निकले।'

पास ही दरवाज़े पर बिल्ली का बच्चा सो रहा था। मिर्ज़ा उठे, उसको अंदर ले आये। बिल्ली मरी पड़ी थीं उन्हें एक झटका-सा लगा, और उन्होंने बिल्ली पर लिखा अपना फ़ारसी शेर पढ़ दिया।

ग्यारह

1

बनिये की दुकान से वफ़ादार सामान ख़रीदने आई थी। सामान बाँधकर झिल्ली में रखा जा रहा था। बनिये ने मसूर की दाल तौली और क़ाग़ज़ के थैले में डाल दी। वफ़ादार को कुछ खटका। उसने बनिये से पूछा – अपनी तुतलाती ज़बान में –

'मसूल की डाल कित्ती (मसूर की दाल कितनी) डाली? ये तो कम लगती है।'

'कम नहीं तुलता यहाँ, तीन सेर है।'

'पल (पर) हमने तो पान सेल (सेर) माँगी थी।'

माँगने से ही तो सब मिल नहीं जाता, बीबी। हमें भी पैसे माँगे कित्ते महीने हो गए?'

'पर घर में मेहमान आए हैं, भाई। इत्ते में कैसे पूरा होगा?'

'जो मिला उठा लो, बीबी। अंटी में कोड़ो नहीं और दावतें रोज़ करते हैं मिर्ज़ा। बस उनका मुँह देखकर कुछ कहते नहीं...वरना...'

वफ़ादार को सुनकर बहुत बुरा लगा और उसने दो टूक जवाब दिया –

'तो दे देंगे। इत्ती (इतनी) बातें मत सुनाओ हमाले हुजूल (हमारे हुजूर) वाला के लिए।'

और भी ग्राहक खड़े थे, उनके सामने एक नौकरानी ने उसे चुप करा दिया।

बनिये ने बात बदली –

'बड़ी वफ़ादार हो मिर्ज़ा की?'

एक ग्राहक जो पास ही खड़ा था, बोला –

'हाँ भई वफ़ादार तो हैं, नाम भी तो वफ़ादार है।'

'अरे साहब, शोरत तो फ़लक को छूने लगी है। सारे शहर में चर्चा रहती है और पैसे-धेले का कोई ज़िक्र नहीं।'

'शोहरत से पैसा थोड़े ही आ जाता है, मियाँ।'

'मसूर की दाल भी नहीं आती।'

फिर वफ़ादार से मुख़ातिब हुआ -

'चलो उठाओ, बीबी।'

सारा सामान उठवाकर, झल्लीवाले को लेकर वफ़ादार चल दी।

वफ़ादार सारा सामान लेकर अपनी गली के नुक्कड़ पर पहुँची तो सूरदास गाता हुआ दिखाई दिया। भजन सुनकर वफ़ादार कुछ ठहर गई।

'बाबा क्या हुआ? दो मंगल से इस तलफ़ (तरफ़) आए नहीं आटा लेने।'

'हमारी पत्नी मायके गई रही बिटिया, तब ही नहीं आए सके।'

'तो फिल (फिर) अगले मंगल ज़लूल (ज़रूर) आओ, बाबा।'

'हाँ बेटी, जीती रहो।'

सूरदास गाता हुआ आगे चल दिया। वफ़ादार सौदा सुल्फ़ लेकर घर की तरफ़ बढ़ चली। झल्लीवाला पीछे-पीछे।

2

अगली गली के नुक्कड़ पर बच्चे खेल रहे थे। वे एक नीमपागल आदमी को टोप पहनाकर गोरा फ़िरंगी बना रहे थे। कहीं से गंदी-सी सोलर हैट मिल गई थी। उस हैट में रंगीन पंख लगाया और गधे पर बिठाया। इतने में वफ़ादार झल्लीवाले को लेकर सामने से गुज़र गई। बच्चों ने हैटवाले के हाथ में एक छड़ी भी थमा दी थी। फिर उसको लेकर घुमाने लगे और चिल्ला-चिल्लाकर गाने लगे।

'इल्ला पिल्ला पाला हो
गोरे का मुँह काला हो।'

एक बच्चे ने मिर्ज़ा को आते हुए देख लिया।

'अरे भाग लो-भाग लो, मिर्ज़ा जी आ रहे हैं।'

लड़के सारे भाग खड़े हुए, उनको भागता देख गधे ने दुल्लत्ती झाड़ी। गधा-सवार ज़मीन पर आ गिरा।

मिर्ज़ा ने बढ़कर गिरे हुए आदमी को उठाया। अब मिर्ज़ा की नज़र उसके चेहरे पर पड़ी तो चौंककर रह गए -

'यूसुफ़! तुम कब आए, यूसुफ़ मिर्ज़ा?'

यूसुफ़ ने कोई जवाब नहीं दिया। उसकी नज़र धूल में गिरी सोलर हैट पर थी। उसने हैट उठाकर फिर पहन लिया। मिर्ज़ा ने गुस्से में हैट उठाकर फेंक दिया।

'ये क्या कर रहे हो? हटाओ इसे।'

लेकिन यूसुफ़ का सारा ध्यान हैट पर था। वह टोप की तरफ़ चल पड़ा। मिर्ज़ा ने डाँटा।

यूसुफ़ अब डरते-डरते मिर्ज़ा की तरफ़ बढ़े।

मिर्ज़ा यूसुफ़ को लेकर घर में दाख़िल हुए तो दरवाज़े पर कल्लू मियाँ मिल गए।

'यूसुफ़ कब आए?'

'आज सुबह ही पहुँच गए थे, हुज़ूर, भावज-बच्चे सब आ गए हैं आगरा से।'

'बाहर क्यूँ निकलने दिया इन्हें? तुम जानते हो इनका दिमाग़ी तवाज़न ठीक नहीं है।'

कल्लू मियाँ ने शर्मिंदगी से जवाब दिया -

'रोटी खा रहे थे, हुज़ूर, पता नहीं कब थाली उठाकर बाहर आ गए। यह देखिए न थाली।'

मिर्ज़ा ने थाली उठा ली और कल्लू मियाँ को पकड़ा दी और कल्लू से मुख़ातिब हुए -

'सुनो! मस्जिद के पिछवाड़े में जो ख़ान साहब हैं, यूसुफ़ मियाँ के रहने का इंतज़ाम करा दो वहाँ और मेरे कलकत्ता जाने का इंतज़ाम करो। चलो यूसुफ।'

3

मिर्ज़ा ने काग़ज़ों का पुलिंदा हाजी मीर साहब के सामने लाकर रख दिया और दरख़्वास्त की –

'मीर साहब, ये सारा कलाम है मेरा जो अब तक जमा हुआ है। ये अपने पास रख लीजिए।'

मीर साहब ने मिर्ज़ा की तरफ़ देखा, जैसे पूछ रहे हों, क्यूँ?

'गिरवी रख लीजिए...और मुझे कलकत्ता तक के सफ़ के लिए कुछ दाम दीजिए। कलकत्ता गए बग़ैर मेरा पेंशन का मामला निपटेगा नहीं, मीर साहब, ख़ुद ही जाकर जनरल मेटकाफ़ साहब से मिलूँगा।'

कुछ देर के बाद ख़ामेशी तोड़ते हुए मीर साहब ने समझाया –

'मिर्ज़ा मुझे गुनहगार न बनाओ। ये दीवान तो मैं गिरवी रखने से रहा और इतना मेरे पास है भी नहीं कि कलकत्ते तक के इख़राजात मुहैया कर पाँऊ।'

मिर्ज़ा ने उसकी तरफ़ देखा।

मीर साहब ने बात जारी रखी –

'...हाँ लखनऊ तक का इंतज़ाम मैं किए देता हूँ और वहाँ दो-ऐ वाकिफ़कार हैं। शायद वह नवाब पाशा ग़ाज़ीद्दीन हैदर तक पहुँचा दें...वरना...वैसे सुना है, चलती वहाँ भी कम्पनी बहादुर की है। नायब सल्तनत आग़ामीर अंग्रेज़ों के हाथ बिक चुके हैं।'

'बताएं! अवध उधर, दिल्ली यहाँ-बाशा (बादशाह) क़िले में – हुकूमत कलकत्ता में...जनाब कम्पनी बहादुर और कहीं...कहीं कोई शहर बिक रहा है...कहीं कोई रियासत बिक रही है...कहीं फ़ौजों की टुकिड़याँ ख़रीदी जा रही हैं – बेची जा रही हैं...ये कैसे सौदागर आए हैं इस मुल्क में...सारा मुल्क पंसारी की दुकान बन गया है।'

मिर्ज़ा के लहजे में काफ़ी तल्ख़ी आ गई।

'मालूम न था इतना कुछ है घर में बेचने के लिए...ज़मीन से लेकर ज़मीर तक सबकुछ बिक रहा है। सब बिकता जा रहा है।'

मिर्ज़ा गुस्से में थे, कुछ अपने ऊपर कुछ ज़माने पर... मीर साहब उन्हें हक़ीक़त की ज़मीन पर ख़ींच लाए।

'सुना है, बाशा (बादशाह) अकबर सानी सख़्त बीमार हैं और शायद वली अहद अबु ज़फ़र जल्द ही बादशाह हो जाएं।'

'हूँ... उनके बादशाह होने से क्या किसी इनक़लाब की उम्मीद रखते हैं आप?'

'शायद उनका नज़रिया अलग हो।'

'बादशाहत के नज़रिया और रवैये हमेशा से ख़ानदानी रहे हैं हमारे यहाँ।'

'जी हाँ, हमलोग बड़ी आसानी से ख़ानदानों के गुलाम हो जाते हैं... फिर भी... इस नाउम्मीदी में शायद ज़फ़र काम आ जाएं।'

4

मिर्ज़ा ग़ालिब घोड़े पर सवार थे। इलाक़ा जंगल का था। उनके पीछे एक मुलाज़िम सामान लिए हुए घोड़ों पर। ग़ालिब की पेशानी में कुछ अशार भनभना रहे थे –

'लखनऊ आने का बाइस नहीं खुलता, यानी
हवसे सैरओ तमाशा, सो वो कम है हमको

मक़्ते सिलसिला-ओ शौक़ नहीं है ये शहर
अज़्में सैर नजफ़ओ तौफ़े हरम है हमको

लिए जाती है कहीं एक तवक़्क़ो ग़ालिब
जादो-रह कशिशे काफ़े करम है हमको।'

5

लखनऊ की एक सराय में मिर्ज़ा ग़ालिब मुक़ीम हुए। जाड़े का मौसम था - वक़्त रात का। मिर्ज़ा आरामकुर्सी पर बैठे थे, पास तिपाई पर कुछ दवाइयों की बोतलें और पुड़ियों में सफ़ूफ़। मिर्ज़ा ने एक पुड़िया उठाकर खोली और पानी का लोटा उठा लिया कि दरवाज़े पर दस्तक हुई।

किसी ने इजाज़त चाही -

'हम ख़िदमत में हाज़िर हो सकते हैं, मिर्ज़ा साहब?'

मिर्ज़ा ने हाथ के इशारे से बुलाया। सफ़ूफ़ मुँह में डाला, ऊपर से पानी पिया। इस बीच दो आदमी कमरे में दाख़िल हुए। ये बिस्मिल और आशिक़ थे। हाजी मीर के दो वाक़िफ़कार। बिस्मिल ने आगे बढ़कर आदाब किया।

'आदाब अर्ज़ करता हूँ, हुज़ूरेवाला।'

मिर्ज़ा ने हाथ के इशारे से आदाब का जवाब दिया। बिस्मिल और आशिक़ मियाँ को बैठने के लिए कहा। दोनों पास आकर बैठ गए।

'कुछ अफ़ाक़ा हुआ तबीयत में?' बिस्मिल ने ख़ैरियत दरयाफ़्त की। ग़ालिब ने दवा पी ली थी।

'हूँ...और कुछ रोज़ अभी...'

आशिक़ ने इसरार भरे लहजे में कहा -

'आप इस सराय में जाने क्यूँ पड़े हैं? दो माह हो गए, हमारे ग़रीबख़ाने पे तशरीफ़ ले चलिए।'

'देखो भाई आशिक़ अली, इतने दोस्त हैं लखनऊ में, एक के यहाँ ठहरूँ तो दूसरा नाराज़ हो जाए। इसलिए अच्छा है, यहीं रहूँ सराय में।'

'इस नाचीज़ को ख़िदमत बजा लाने का मौक़ा दीजिए।'

'दोस्त को मौक़ा दूँ ख़िदमत करने का तो, ख़ुद को बीमार रखना ज़रूरी हो जाए। मैं सेहतमंद हूँ तो क्या बुरा लगेगा तुम्हें?'

बिस्मिल ने कहा -

'आप तो बस लाजवाब कर देते हैं। हाजी मीर समझेंगे, हमने ख़्याल नहीं रखा आपका।'

'यही बहुत है कि आप साहेबान नवाब हैदर से मिला दें एक बार...'

आश्क़ि अली ने एक तरकीब समझायी –

'आप अगर नायइब सल्तनत की तारीफ़ में एक क़सीदा लिख दें तो...'

ग़ालिब बिगड़कर बोले –

'उस ख़ानसामा की तारीफ़ में...जो अंग्रेजों की मदद से वज़ीर बन गया है, अभी तक बना हुआ है।'

'मजबूरी है और ग़र्ज़ भी हमारी है क़िबला, एक बार अगर आग़ा मीर से मुलाक़ात हो जाए तो...' बिस्मिल ने समझाया।

ग़ालिब बहुत बिगड़ गए। उन्होंने मुलाक़ात के लिए अपनी शर्तें रखीं –

'मुलाक़ात की भी दो शर्तें हैं। उव्वल तो यह कि वह अपनी जगह से उठकर हमें ताज़ीमे देगा और दोयम यह कि मैं कोई नज़राना न दूँगा।'

आशिक़ अली और बिस्मिल मियाँ ने एक-दूसरे की तरफ़ देखा।

'नज़राने के लिए तो हम उनसे कह देंगे, लेकिन...'

'बाक़ी शायद मुमकिन न हो।' आशिक़ अली ने बात पूरी की।

'तो यह भी मुमकिन न होगा हज़रात कि मैं...'

आशिक़ और बिस्मिल हैरान हुए कि क्या किया जाए।

'आज शाम उनके नायब से मुलाक़ात होगी तो हम...'

ग़ालिब चिढ़ गए।

'नायब के नायब से...? ठीक है, कल ख़बर कीजिएगा।'

दोनों खड़े हो गए –

'इजाज़त दीजिए।'

दोनों ने झुककर आदाब किया और बाहर चले गए।

6

उसी सराय में दिन के वक़्त-मिर्ज़ा दीवान पर बैठे थे। कंधों पर कम्बल पड़ा हुआ था। बहुत सारे लोग जमा थे।

एक शख़्स ने कहा –

'यह तो नहीं कह सकते आप?... दिल्ली और लखनऊ की उर्दू में फ़र्क़ तो है। मसलन रथ को आप मुज़्कर मानेंगे या मुअन्नस?'

दूसरे शख़्स ने पूछा –

'लफ़्ज़ ''मेरा क़लम'' सही है या ''मेरी क़लम।'' लखनऊ वाले तो 'मेरा क़लम' कहते हैं।'

'औरत लिखे तो मेरी, मर्द लिखे तो मेरा।' ग़ालिब ने जवाब दिया।

सभी हँस पड़े।

पहले शख़्स ने फिर सवाल किया –

'जूता?... जूती?...'

दूसरे शख़्स ने कहा –

'मिर्ज़ा तो वही कहेंगे। औरत पहने तो जूती, मर्द पहने तो जूता।'

'जी नहीं। ज़ोर से पड़े तो जूता, हल्की पड़े तो जूती।'

एक ठहाका पड़ा। फिर ग़लिब कुछ संजीदा हुए –

'देखिए हज़रात, हिंदुस्तान में हर पच्चीस कोस पर लोगों की बोली बदल जाती है। इसलिए दो जगहों की ज़बान में फ़र्क़ आ जाए तो जायज़ है, लेकिन लोगों में फ़र्क़ आ जाए तो जायज़ नहीं है। ज़बान अलग होने से लोग अलग नहीं हो जाते, दुश्मन नहीं हो जाते। लखनऊ और दिल्ली की ज़बान में अगर फ़र्क़ है तो है। वे एक-दूसरे के बैरी तो नहीं हैं।'

मजलिस में ख़ामोशी छा गई। ग़ालिब ने फिर कहा –

'मीर आए थे लखनऊ। मीर तक़ी मीर, आपने कद्र न की उनकी। मायूस होकर चले गए लखनऊ से। घाटा किसका हुआ?'

कुछ वक़्फ़ा ख़ामोशी का। फिर आशिक़ अली उठ खड़े हुए। धीरे-धीरे और लोगों ने भी उठना शुरू किया।

'इजाज़त दीजिए, मिर्ज़ा।'

'ख़ुदा हाफ़िज़।'

'एक बात अर्ज़ करूँ? अगर नागवार न गुज़रे?'

'कहो न।'

'इतने दिन हो गए, नायब सल्तनत के पास चलेंगे नहीं तो इंतज़ाम कैसे होगा आगे चलने का?'

ग़ालिब ने एक लम्बी साँस ली और शेर फ़िज़ा में उभरा -

'रात-दिन गर्दिश में हैं सात आसमाँ
हो रहेगा कुछ न कुछ घबरायें क्या।'

7

परदे से ढके दो-तीन इक्के शेरशाह सूरी की जरनैली सड़क पर बारिश के मौसम में भीगते हुए जा रहे थे।

ग़ालिब का सफ़र जारी थी - मौसम बदल गया था - ग़लिब का सफ़रनामा सुनाई दे रहा था।

'पेड़ों की शाखों से पानी गिर रहा है।

जूँ तूँ करके बाँदा पहूँच गया...'

बाँदा यानी-बुंदेलखंड।

'यहाँ तक़रीबन छः महीने तक नवाब साहब के मकान पर रहा। नवाब जुल्फ़िक़ार अली बहादुर और मेरे बुजुर्गों के बाहमी तालुक़ात थे।'

नवाब जुल्फ़िकार अली बहादुर के वसीले से ग़ालिब को बाँदा के ऐक शख़्स अमीनचंद से दो हज़ार क़र्ज़ मिला, जो ज़ादे सफ़र मुहैया करने के काम आया।

'ख़ुदा के करम और नवाब साहब की तिमारदारी और तवज्जो से मुझे बीमारी से निजात मिली। मैंने नवाब साहब से इजाज़त चाही।'

नवाब साहब की हवेली की डेवढ़ी में, मिर्ज़ा ने हाथ को पेशानी से छूकर नवाब साहब का शुक्रिया अदा किया।

'और इलाहाबाद पहुँचो तो एक ख़त भिजवा देना, अच्छा मिर्ज़ा ख़ुदा हाफ़िज, तुम्हें अल्लाह की अमान में सौंपा।

'आप ग़ज़ब करते हैं, नवाब साहब!'

'क्यूँ मियाँ, क्या हुआ?'

'उसने आपकी अमान में भेजा था, आप फिर उसी के हवाले किए दे रहे हैं।'

हँसते हुए ग़ालिब ने नवाब से विदा ली। नवाब साहब बाहर तक छोड़ने आए।

'अच्छा मिर्ज़ा, बड़े लम्बे सफ़र हो...कलकत्ता पहुँचते चार-छः महीने तो लग जाएंगे।'

'जी हाँ...देखिए न, दिल्ली से लिकले तो आज तक एक ज़च्गी पूरी हुई – नौ माह हो गए। बनारस पहुँचते कितना वक़्ता लगता है?'

'रात चिल्ला तारा पर रुक जाना। कोई ख़त-वत भिजवाना हो तो थानेदार से हमारा नाम कह देना, वह भिजवा देगा।'

8

सफ़र चलता रहा – कभी सवारी पर, कभी नाव में। ग़ालिब का ये सफ़र उनकी ज़िंदगी का सबसे बड़ा सफ़र था।

बाँदा से निकलकर दो रोज़ मोड़ा में कयाम किया। एक रात रास्ते में बसर की। फिर चिल्लातारा पहुँच गए। (हालाँकि नवाब साहब ने कहा था कि रात चिल्लातारा पर रुक जाना) इस सफ़र में तीन दिन लग गए। उनके ख़तों से पता चलता है कि जो गाड़ी बाँदा से किराये पर ली थी, उसकी सुस्त रफ़्तारी से परेशान हो गए और फ़ैसला कर लिया कि इलाहाबाद तक का सफ़र कश्ती से तय करेंगे।

नावें बनारस पहुँच गईं और बनारस के घाट नज़र आए। जब इलाहाबाद से बनारस आए तो बहुत दिन के लिए रुक गए। बनारस उन्हें भा गया।

9

बनारस की एक शाम-घाट की सीढ़ी पर ग़ालिब खड़े थे। कंधों पर एक

ख़ुशनुमा शॉल था। पानी पर तैरते बजरों में से ठुमरी और घुँघरुओं की आवाज़ आ रही थी।

बनारस उस वक़्त हिंदुस्तानी मोसीक़ी का अहम घराना था। अयोध्या और बनारस का रुक़्स कथक सारे मुल्क पर अपनी धाक जमाए हुए था।

घाट पर मुजरा था। उसमें मोसीक़ी और रुक़्स की महफ़िल थी। ग़ालिब के दिलोदिमाग़ में इस रुक़्स और मोसीक़ी का असर छाया रहा। मियाँदाद ख़ान को एक ख़त में लिखते हैं -

'भाई, बनारस ख़ूब शहर है और मेरी पसंद का है।'

एक मसनवी में उसकी तारीफ़ लिखी - 'चिराग़ देर' उसका नाम रखा। वह मिर्ज़ा की फ़ारसी दिवान में मौजूद है।

ग़ालिब का हुलिया भी बहुत बदल गया था उन दिनों - सर के बाल लम्बे थे, घुँघराले, दाढ़ी लंबी हो गई थी और कांधों पर दोशाला। वह बिलकुल एक जोगी लग रहे थे।

10

बनारस की तंग गलियाँ मशहूर हैं। ऐसी ही एक गली से होकर मिर्ज़ा अपनी कोठरी की तरफ़ जा रहे थे। सामने से एक परदादार औरत आ रही थी। ग़ालिब एक दीवार से लगकर खड़े हो गए। वह औरत बचते हुए गुज़रने लगी, अचानक वह ख़डी हो गई, और मिर्ज़ा की तरफ़ परदा उठाकर देखती रही। वह ग़ालिब को देखती रही और पहचान भी लिया, लेकिन ग़ालिब उसे पहचान नहीं पाए।

'मिर्ज़ा! आप मुझे नहीं पहचानते, लेकिन मैं आपको पहचानती हूँ। मैं नवाब जान की माँ हूँ।'

ग़ालिब को हैरानी हुई, वह अपनी ख़ुशी छुपा नहीं पाए -

'कहाँ है नवाब जान? मैं उसके घर गया था दिल्ली में - अपना एक वादा पूरा करने, लेकिन मुलाक़ात नहीं हई।'

'दिल्ली छोड़कर हम यहाँ आ गए थे कोतवाल की धमकी के डर से।'

'कहाँ है नवाब? उसकी अमानत है - हम कंधों पर उठाये फिरते हैं, जो उस तक पहँचानी है।'

ग़ालिब ने अपने कंधों पर ओढ़ा हुआ दुशाला छुआ।

'आप ख़ामोश क्यूँ हैं?'

मलका का गला भर आया -

'आख़िरी वक़्त तक आपको याद करती रही। मेरी बेटी को घुन लग गया था। अंदर-ही-अंदर कोई ग़म खा रहा था। मैं...'

उसकी आवाज़ रुँध गई। मिर्ज़ा सकते में आ गए। आँखें पोंछकर मलका ने मिर्ज़ा की तरफ़ देखा और इल्तज़ा की -

'मिर्ज़ा, एक बार उसकी क़ब्र तक चले चलो, शायद उसकी रूह को तसकीन हो जाए।'

ग़ालिब साथ हो लिए।

11

बनारस के एक क़ब्रस्तान में एक मामूली की-सी क़ब्र थी। खुत्वे पर ग़ालिब का शेर कुंदा था और शायद वही नवाब जान की आवाज़ थी -

'ये न थी हमारी क़िस्मत कि विसाले यार होता
अगर और जीते रहते, यही इंतज़ार होता।'

नवाब जान की आवाज़ फ़िज़ा में तैरती हुई महसूस हो रही थी -

'तेरे वादे पे जिए हम, तो ये जान छूट जाना
कि ख़ुशी से मर ना जाते, अगर एतबार होता।'

ग़ालिब ने अपने कंधों से दुशाला उठाया और नवाब जान की क़ब्र पर फैला दिया। नवाब जान ने ओढ़ लिया।

मिर्ज़ा ग़ालिबः एक स्वानही मंज़रनामा 161

‘कोई मेरे दिल से पूछे, तेरे तीरे नीमकश को
ये ख़लिश कहाँ से होती जो जिगर के पार होता,

कहूँ किससें मैं कि क्या है, शबे ग़म बुरी बला है
मुझे क्या बुरा था मरना अगर एक बार होता,

हुए मर के जो रुस्वा, हुए क्यूँ न ग़रके दरया
न कभी जनाज़ा उठाता, न कहीं मज़ार होता।’

ग़ालिब क़ब्र के पास बैठ गए। फ़ातेहा पढ़ा।

बारह

1

हिमालय से निकली गंगा कलकत्ता पहुँचकर हुगली बन गई। इस गली में एक मल्लाह भठियाली लोक गीत गा रहा था और मिर्ज़ा कलकत्ता पहुँच गए।

जहाँ ठहरे वहाँ घर के बाहर रंगोली बनी हुई थी। पास में दो-एक और घर थे। एक छोटी बच्ची दुर्गा रंगोली बनाने में मस्त थीं

4 शाबान 1274 हिजरी; 21 फरवरी, 1828 ईसवी को मिर्ज़ा ग़ालिब कलकत्ता पहुँचे तो उसी रोज़ शिमला बाज़ार में किसी ग़ैर-मामूली ज़हमत के बग़ैर उन्हें रहने को मकान मिल गया। मानक तिल्ला स्ट्रीट के नुक्कड़ वाले गिरजे के पीछे एक बाज़ार हुआ करता था - शिमला बाज़ार। अब वहाँ बेथून है। यह मकान उस जगह था जहाँ अब बेथून का मकान नंबर 133 है।

मकान की पहली मंज़िल के बरामदे में मिर्ज़ा ग़ालिब खड़े थे। दाएं-बाएं नज़र फेरी और आवाज़ दी -

'दुर्गा!'

कमर पर कल्सी रखे एक छोटी-सी लड़की, बंगाली ढंग से साड़ी लपेटे एक दरवाज़े से बाहर आई। ऊपर देखा और जवाब दिया -

'आशी बाबा।'

दुर्गा ने कल्सी पास ही रख दी और सीढ़ियाँ चढ़कर ऊपर आ गई। मिर्ज़ा तब तक अपने कमरे में आ गए थे। दुर्गा ने कमरे में आते ही पूछा -

'की चाई बाबा?'

मिर्ज़ा ग़ालिब ने मुस्कराते हुए पूछा -

'बाबा किसे कहती हो, बेटी?'

'पिताजी को बाबा बोली।'

'और बूढ़े को क्या कहते हैं?'

'बूढ़ा बाबा...पिताजी बाबा...तुमी बूढ़ा बाबा।'

बूढ़े को 'बूढ़ा बाबा' कहकर दुर्गा खिल-खिलाकर हँस पड़ी। इतने दिन कलकत्ता में रहते-रहते मिर्ज़ा ने बंगाली के कुछ अलफ़ाज़ जमा कर लिए थे।

'छ: माश (महीने-मास) से आमी (मैं) यहाँ हूँ। आमी बीमार हूँ न दावा (दवा)...'

मिर्ज़ा समझा नहीं पाए। उनकी बँगला कुछ अलफ़ाज़ों तक सीमित थी। दुर्गा ने बूढ़े बाबा की मुश्किल जानकर पूछा -

'तुमी दूध खाबे?'

हाँ...खाऊँगा, दूध खाऊँगा, दवा भी खाऊँगा। दूध गो...रम कोर के लाओ।'

मिर्ज़ा ने दूध का बर्तन उसे थमा दिया। बर्तन में दूध भरा हुआ था। दुर्गा जाने लगी।

'नवाज़िश होगी।'

दुर्गा रुक गई। पूछा -

'की बोले? (क्या कहा)'

मिर्ज़ा ने सर हिलाया। लड़की शायद समझ गई। हँसते-हँसते चली गई। उसे जाते देख मिर्ज़ा ने होंठों को गोल बेज़वी शक्ल दी और 'ओ' आवाज़ निकाली।

'ओ - गरम - गोरम, कर - कोर।'

शायद मिर्ज़ा अपनी बँगली का और अभ्यास करते कि दरवाज़े पर आहट सुनाई दी। कोई मिलने आया था। आवाज़ आई -

'हाज़िर हो सकता हूँ?'

ये सिराजुद्दीन थे। दरवाज़े पर उसने दुर्गा को जाते देखा था। मिर्ज़ा उसकी तरफ़ मुड़े, पहचाना, तपाक से बोले -

'आइए-आइए, मियाँ सिराजुद्दीन साहब, तशरीफ़ लाइए। बस आपका ही इंतज़ार रहता है हर सुबह।'

मिर्ज़ा ने उसे बैठने की जगह दी और पूछा -

'कहिए कोई रास्ता सबील निकला, गवर्नर जनरल से मिलने का?'

सिराजुद्दीन के चेहरे पर नाउम्मीदी छायी रही और कुछ देर बाद जवाब दिया –

'कोई नहीं। दरअसल इन अंग्रेज़ कारकुनों की तबलियाँ भी इतनी तेज़ी से हो रही हैं कि उनका ताकुब करना भी मुश्किल होता जा रहा है। दफ़्तर फ़ारसी के सक्तर (सेक्रेट्री) एंड रिवास्ट्रलंग से तो मिल चुके, उनका कहना है कि...'

मिर्ज़ा झुँझला गए, बार-बार वही बात।

'मैं बार-बार उनसे मिलकर क्या करूँ, सिराजुद्दीन?...ये मामला उनके हाथ में नहीं है।'

वह उठ खड़े हो गए। उन्होंने नज़र उठाकर कहा –

'छः माह गुज़र गए मियाँ। दिल्ली छोड़े डेढ़ साल हुआ। पता नहीं घर पर सब कैसे होंगे! हरगोपाल तुफ़्ता का ख़त आता है, तफ़सील वह भी नहीं लिखते। लगता है, कुछ छुपाए रखते हैं मुझसे।'

मिर्ज़ा ने सिराजुद्दीन की तरफ़ देखा।

'मैं क्या समझता नहीं? घर पर कुछ नहीं होगा। बच्चे का दूध कहाँ से आता होगा? कौन जाने?

मिर्ज़ा सिराजुद्दीन के पास आकर उसकी बग़ल में बैठ गए। उनकी आवाज़ में उनकी मजबूरी थी, लाचारी थी। उन्होंने अपने घाव सिराजुद्दीन को दिखा दिए।

'सिराजुद्दीन, डिगरियाँ हो रही होंगी मेरे ख़िलाफ़। इस बार यहाँ फ़ैसला न हुआ तो दिल्ली में दाख़िल होना मुश्किल होगा मेरे लिए! मैं क़र्ज़ख़्वाहों को मुँह न दिखा सकूँ।'

सिराजुद्दीन, ने हौसला बँधाने की कोशिश की –

'ऐसे मायूस न हों, मिर्ज़ा, चार्ल्स मेटकाफ़ के वापस आते ही सारा मामला तय हो जाएगा। वह मराठों से कोई समझौता करने मालदा गए हैं। वह आ जाएं तो मुझे यक़ीन है, इस बार आपका काम हो जाएगा।'

इस बीच साड़ी के पल्लू से गर्म दूध का बर्तन लेकर दुर्गा कमरे में आ गई।

'अयी नो बाबा, तोमारा गोरम कोरे ऐने छी। (यह लो बाबा, तुम्हारा दूध गरम करके लाई हूँ।)'

मिर्ज़ा ने उठकर गरम दूध ले लिया।

'शाबाश बेटी, शाबाश और शुक्रिया।'

अजनबी के सामने दुर्गा ने कुछ नहीं कहा। कोई और मौक़ा होता तो दुर्गा सवाल करती। मिर्ज़ा ग़ालिब जवाब देते, फिर उस जवाब पर और सवाल होते। दुर्गा को जाते देखकर सिराजुद्दीन ने उठते हुए पूछा –

'आप इमामबाड़े के उस तरफ़ चलकर क्यूँ नहीं रहते? मुसलमानों का मुहल्ला है, आसानी होगी। इस माहौल में खुद को अजनबी पाते होंगे।'

'बिलकुल अपने माहौल में हूँ। यहाँ कोई अजनबियत नहीं हैं मुझे। हिंदुस्तान सिर्फ़ आप मुसलमानों का मुहल्ला नहीं, हमारे आने से पहले भी कुछ लोग यहाँ रहते थे। यहाँ की तहज़ीबओ तम्मदुन हमारी पैदाइश से भी पुरानी है...बनारस गए हैं कभी? सोमनाथ देखा है? हैरत है कि हम इमारतों में ताजमहल और लाल क़िला के अलावा किसी इमारत का ज़िक्र नहीं करते। इमारतों के भी मज़हब होते हैं क्या? ताजमहल मुसलमान है?'

सिराजुद्दीन सुनता रहा। मिर्ज़ा को एक लतीफ़ा याद आया और एक तजर्बाकार घोड़े का वाक़िया सुनाया।

'मुसलमानों की भैंस भी मुसलमान और हिंदू का घोड़ा भी हिंदू –

पिछले दिनों एक तजरबेकार घोड़ा मिला। कई मज़हब बदल चुका था। पहले करीम के पास था, फिर चेलाराम ले गया, फिर कोई रॉबर्ट ले गया। उसके बाद धूमर सिंह के हाथ चढ़ गया...बड़ी शिकायत कर रहा था। किसी मज़हब में दूसरे से बरतरी नहीं देखी...किसी ने हाथी न बनाया, घोड़े का घोड़ा ही रहा।'

बरामदे से सीढ़ियाँ उतरकर दोनों आँगन में आ गए। आँगन पार करके बाहरी दरवाज़े तक पहुँचे, मिर्ज़ा अपनी बात किए जा रहे थे, फिर जैसे कुछ याद आया और कह बैठे –

'और ये बंगाल तो कमाल की जगह है, साहब।'

सिराजुद्दीन ने मिर्ज़ा की तरफ़ देखा।

'ये बंगाली सात सौ साल पीछे जीते हैं और सौ साल आगे भी।'

बात शायद सिराजुद्दीन की समझ में नहीं आई।

'कलकत्ता जैसा शहर तख़्ताय ज़मीं पर नहीं, यहाँ की ख़ाकनशीनी इस जगह की हुक्मरानी से बेहतर है। खुदा की क़सम, अगर मैं मुज्जरद होता, ख़ानादारी की ज़ंजीरें मेरी राह में हाइल न होतीं तो सबकुछ छोड़-छोड़कर उम्र भर यहीं का हो रहता।'

सिराजुद्दीन ने याद दिलाया -

'कल आपका ख़्याल था कि आप हिंदुस्तान में न रहेंगे, बल्कि ईरान चले जाएंगे और वहीं आतिशकदों और मैयख़ानों में ज़िंदगी के बाक़ी दिन गुज़ार देंगे।'

मिर्ज़ा मुस्करा दिए।

'ख़्याल ही तो है, बदल भी सकता है। ईरान का इरादा इस सूरत में था, अगर पेंशन न मिली।'

'मिल जाएगी - इंशाअल्लाह - आदाब।'

ग़ालिब ने आदाब का जवाब भी दिया और मेहमान को दरवाज़े तक रुख़्सत भी किया। वापस मुड़े तो आँगन के एक हिस्से में भागवती दुर्गा की माटी की मूरत बनाई जा रही थी। किस फुर्ती से कुम्हार टोला के कारीगर यह काम सरअंजाम दे रहे थे, वे देखते रहे।

2

मिर्ज़ा ग़ालिब अपने शिमला बाज़ार वाले घर के बरामदे में खड़े थे। ढोल और ताशे की आवाज़ पर दुर्गा-पूजा के मंत्र सुनाई दे रहे थे। पुजारी लोग हाथ में लोबान दान उठाए पूजा कर रहे थें। मिर्ज़ा के मुँह से एक लम्बी आह निकली।

कलकत्ता को जो ज़िक्र किया तूने हमनशीं
इक तीरे मेरे सीने में मारा कि हाय हाय

वो सब्ज़ा ज़ारहाए मौअतर कि है ग़ज़ब
वो नाज़नीने बुतां खुदआरा कि हाय हाय

सबरआज़मा वो उनकी निगाहें कि हफ़ नज़र
ताक़तरुबा वो उनका इशारा कि हाय हाय।'

इस बीच दो लड़के मिर्ज़ा को ढूँढ़ते आ गए। आँगन के फाटक के सामने से दुर्गा गुज़र रही थी। उन्होंने दुर्गा से पूछा –

'ईखाने कोनो मीरजा अश्द अल्लाह खान गालिब था कीन नाकी?' (यहाँ कोई मिर्ज़ा असद अल्लाह ख़ाँ ग़ालिब रहते है?)

'न न श्य नाम यर कव्वे थाके व ईखाने।' (इस नाम का कोई यहाँ नहीं रहता) 'की बोलछू? मीरजा आली शोदागरीर बाड़ी ईटायी तो।' (क्या कहती? मिर्ज़ा अली सौदागर का मकान यही है ना?) दूसरे लड़के ने पूछा –

'हैं, क्यवे य्तो मुशकील नाम यर कोनो लोक नहीं ईखाने...की नाम बोले छू तुमी?' (हाँ, लेकिन इतना मुश्किल नाम वाला कोई यहाँ नहीं रहता। क्या नाम बताया तुमने?)

'मीरजा अश्द अल्लाह खान गालिब – दिली थेके ऐश्ये छीन।' (मिर्ज़ा असद उल्लाह ख़ाँ ग़ालिब, दिल्ली से आए हैं।)

मिर्ज़ा ऊपर से सारी बात सुन रहे थे, उन्हें लग रहा था कि कोई बंगाली लहजे में उनका नाम ले रहा था।

'हैं-हैं...दिली थेके एक भद्दर लोक।' (हाँ-हाँ...दिल्ली से एक भलामानस आया है।)

और दुर्गा ने बालकनी में खड़े मिर्ज़ा की तरफ़ इशारा किया।

'उई, बूढ़ा बाबा ऐश्ये छीन।' (हाँ, वह बूढ़े बाबा आए हैं।)

ग़ालिब हँस पड़े, अच्छा मज़ाक बन गया उनके नाम का। ये लड़के अपनी ज़बान की गोल-गोल घुली मिठास से मजबूर थे। उन्होंने ऊपर से ही आवाज़ दी –

'आ जाओ भई, ऊपर आ जाओ। मुझ ही को तलाश कर रहे हो

तुमलोग। बंगाली में तो मेरे नाम का भी अच्छा-ख़ासा रसगुल्ला बना दिया आपलोगों ने।'

दोनों लड़के ऊपर आ गए। मिर्ज़ा ने उनकी आवभगत की। दुआ-सलाम के बाद मिर्ज़ा ने दरयाफ़्त किया।

'कहाँ से तशरीफ़ लाए हैं आप साहबान?'

'हुज़ूर, मदरसा आलिया में मुशायरा है कल रात। फ़ारसी के नामी शोरा तशरीफ़ ला रहे हैं।'

'कौन-कौन हैं?'

'हज़रत क़तील साहब, जानब वाक़िफ़ साहब, हेरात के रईस किफ़ायत खाँ साहब। आप ज़रूर तशरीफ़ लाएं। इस इतवार का मुशायरा आपके एज़ाज़ में मुन्क़िद किया जा रहा है।'

मिर्ज़ा ग़ालिब मान गए। दिल्ली वालों ने उन्हें फ़ारसी का शायर नहीं माना कभी, शायद यहाँ वाले मान लें।

'ज़रूर आऊँगा। कोई साहब आकर ले जाएं। मुझे ग्यारह महीने हो गए कलकत्ता तें, अभी पूरी तरह यहाँ के रास्तों वे वाक़िफ़ नहीं हूँ।'

पहले लड़के ने जल्दी से कहा -

'मैं हाज़िर हो जाऊँगा। मेरा नाम रशीद मुस्तफ़ा है। बहुत-बहुत इनायत, आपने हमारी दावत क़बूल फ़र्मायी।'

'भई, बंगाली बहुत अच्छी बोल लेते हो तुम?'

'मेरी मादरी ज़बान है, हुज़ूर।'

'अच्छा, यहीं के रहनेवाले हो?'

'जी, इजाज़त दीजिए। ख़ुदा हाफ़िज़।'

दोनों लड़के बाहर आये कमरे से। मिर्ज़ा आदत के मुताबिक़ इन दोनों के साथ सीढ़ियों तक आए।

3

बंगाल में अपनी जड़ें मज़बूत करने के बाद ईस्ट इंडिया कम्पनी ने फ़ोर्ट

विलियाम में उर्दू और फ़ारसी की तर्बियत के लिए मदरसा आलिया खोल दिया था। मुशायरे की रात मिर्ज़ा मदरसा आलिया पहुँच गए, ताकि वह कलकत्ता के अदीबों, दानिशवरों और उस्तादों से राबता बढ़ा सकें। एक मौलवी साहब चढ़-चढ़कर बोल रहे थे।

'बड़ी फ़राख़दिली है अंग्रेज़ों की कि फ़ोर्ट विलियम के ओरिएंटल कॉलेज में नया महकमा, हिंदी-संस्कृत के लिए खोला जा रहा है। यहाँ के मुसलमानों को उर्दू, फ़ारसी और अरबी की तालीम दी जा रही है, वहीं हिंदुओं को हिंदी और संस्कृत की तालीम दी जाएगी।'

ग़ालिब का नज़रिया इसके बारे में कुछ और ही था। उन्होंने इख़्तेलाफ़ किया –

'हिंदी हिंदुओं की और उर्दू मुसलमानों की, ये किसने कह दिया आपसे? उर्दू पर हरगोपाल तफ़्ता को उतना ही हक़ है जितना रसख़ान को हिंदी पर है। वारिस और फ़रीद के अगर पंजाबी को जिला बख़्शी तो अमीर ख़ुसरो ने फ़ारसी के साथ-साथ अवधी में भी रस घोला है।' आस-पास खड़े हज़रात के कान खड़े हो गए, ग़ालिब ने फिर कहा –

'ये बँटवारा है। ज़बान और मज़हब के नाम पर लोगों को बाँटकर...'

सिराजुद्दीन ने दबी आवाज़ में कहा –

'इस वक़्त ख़ामोश रहिए मिर्ज़ा, इस मुशायरे में कुछ अंग्रेज़ भी शामिल हैं, वे सुनेंगे तो...'

मिर्ज़ा ने बात काट दी –

'ये अंग्रेज़ों की चाल है साहेबान! ये बँटवारा ज़बान का नहीं है, लोगों को बाँटा जा रहा है। वरना कोई ज़बान किसी मज़हब की जागीर नहीं है।'

एक आदमी बहस के लिए बीच में कूद पड़ा –

'लेकिन क़तील साहब फ़र्माते हैं कि...'

'मैं उस खतरी बच्चे की बात क्यूँ मानने लगा, जिसे अपनी फ़ारसी मनवाने के लिए मुसलमान होना पड़ा।'

सिराजुद्दीन को सामने आना पड़ा –

'मिर्ज़ा, आप इधर आएं। आप समझ नहीं रहे हैं।'

'मैं सब समझ रहा हूँ, सिराजुद्दीन, ये अंग्रेज़ों का बिछाया हुआ...'

'ओफ़ हो...आप बात तो सुनिए।'

मजबूरन सिराजुद्दीन ने मिर्ज़ा को खींचकर अलग कर दिया। बाक़ी लोग बहुत चिढ़ गए थे। मौलवी साहब उनके सरग़ना थे। एक आदमी ने कहा –

'ये तो सरासर बदतमीज़ी है साहेबान, बड़ी नाशाइस्ता हरकत है मिर्ज़ा की।'

'चलिए-चलिए मुशायरे का वक़्त हो रहा है।' दूसरे ने याद दिलाया।

सभी मुशायरे में शामिल होने के लिए चल दिए – मिर्ज़ा और सिराजुद्दीन भी...

4

मुशायरे में औरों के साथ-साथ मिर्ज़ा ने भी अपने शेर कहे। लेकिन क़तील और मौलवी साहब के गढ़ में मिर्ज़ा के हर शेर का इस्तक़बाल एक ख़ामोशी ने किया। जिनके एज़ाज़ में ये मुशायरा मुन्क़द हुआ था, उनके साथ हुई बेरुख़ी सिराजुद्दीन ने भी महसूस की और अगले दिन जब सिराजुद्दीन मिर्ज़ा से शिमला बाज़ार के उस मकान पर मिले तो उसने मिर्ज़ा को उस साज़िश की तफ़सील दी –

'सारे अल्लामा नाराज़ हो गए हैं आपसे। कुछ नौजवानों ने तो आपके ख़िलाफ़ इश्तहार लगा दिए दिवारों पर।'

मिर्ज़ा का माथा ठनका, लेकिन उन्होंने मज़ाक में पूछा –

'अच्छा...? मेरी दीवार पर तो एक भी नहीं।'

सिराजुद्दीन मामले की संजीदगी समझता था। उसने मिर्ज़ा को आगाह किया –

'ज़रा चलकर देखिए, जो शेर आपने मुशायरे में पढ़े थे, उनकी सलाह...'

'तो क्या मुझे अपने अशार उनसे सही कराने होंगे?'

'वे आपकी फ़ारसी की इस्तलाहों से मुत्फ़िक़ नहीं।'

'न हों...वे लिखें न अपनी तरह...या उस...क़तील की नक़ल करें।

मेरी तरह लिखने के लिए...'

लेकिन सिराजुद्दीन को डर किसी और बात का था। क़तील और उसके साथी इस मामले को दमसरा रंग दे देंगे। शेरों की इस्लिाह एक इबदा थी, एक बहाना था। शायद उनका मक़्सद मिर्ज़ा ग़ालिब के ख़िलाफ़ एक मोर्चा खोलने का था। जिसके बाद वे ग़ालिब के वे बयानात सामने लाएंगे, यहाँ उन्होंने गोराशाही के ख़िलाफ़ वक़्त अपनी नाराज़गी ज़ाहिर की थी।

'मुझे उनकी फ़िक्र नहीं है। मुझे फ़िक्र ये है कि बात ज़्यादा तूल पकड़ गई तो अंग्रेज़ों तक न पहुँच जाए...आपकी पेंशन का फ़ैसला उन्हीं लोगों के हाथ में है।'

'देखो भाई सिराजुद्दीन, ख़ुदा गवाह है, मैं 'आवेज़िश बयानी' से नहीं डरता और न मुझे एतराज़ों का ख़ोफ़ है। सिर्फ़ ये ख़्याल गुज़रता है कि इत्फ़ाक़ से चंद के लिए आया हूँ। अगर आपलोंगों को नाराज़ कर लूँगा तो आप ही बाद में कहेंगे कि दिल्ली से एक 'शोख़ चश्म' और बेहया शख़्स आया था, जिसने बुजुर्गों से झगड़ा किया। ख़ुदा न करे, मैं अपने वतन की बदनामी का बाइस बनूँ! बस माज़रतख़्वा हूँ और दरख़्वास्त करता हूँ कि आप ये वाक़िया भूल जाएं।'

सिराजुद्दीन बात समझ गया। लेकिन फिर भी उसे यह डर था कि बात तूल पकड़ लेगी।

'सिराज़ भाई, आप शायद बादेमुख़ालिफ़ के आदी नहीं हैं और मुझे इसका बहुत रियाज़ है। आप ज़्यादा परेशान न हों। किसी तरह जल्द-से-जल्द मेरी मुलाक़ात जनाब चार्ल्स मेटकाफ़ से करा दें ताकि मैं जल्द-से-जल्द आपके ख़ित्ते ज़मीन से निकल जाऊँ।'

इसके बाद मिर्ज़ा अंदर चले गए और सिराजुद्दीन उन्हें जाते देखता रहा।

5

मिर्ज़ा ग़ालिब ने कलकत्ता वालों को भले ही माफ़ कर दिया था, लेकिन कलकत्ता के उलमा ने उन्हें नहीं बख़्शा। अंग्रेजों के कान भर दिए थे।

मेटकाफ़ न सिर्फ़ नाराज़ थे बल्कि गुस्से में उसने मिर्ज़ा को बेइज़्ज़त करके अपने दफ़्तर से निकाल दिया। उसने सिराजुद्दीन को भी न बख़्शा।

'चले जाओ – गेट आउट – डिल्ली (दिल्ली) वापस जाओ। तुम इंडियन कमीना लोग है। चोटा डिल चोटा डिमाग (छोटा दिल छोटा दिमाग़), डूर का बात नहीं सोचने सकता।' (दूर की बात नहीं सोच सकता)

मेटकाफ़ के दफ़्तर की दीवारें लाल रंग के फ़लानल से सजी हुई थीं। दीवारों पर हिंदुस्तानी रियासतों और जागीदारों की तलवारें, ढालें, नेज़ें, ख़ासकर उन रियासतों के अलम और निशान, जो अब कम्पनी बाहदुर के इलाक़ों में शामिल कर दी गई थीं।

मिर्ज़ा ग़ालिब खड़े-खड़े चुपचाप सुनते रहे। सिराजुद्दीन कुछ दूर सहमा खड़ा रहा।

'...हिंदू-मुस्लिम भाई-भाई बोलटा (बोलता), कैसा भाई? किलर भाई...दोनों हर वक़्त लड़ता, ख़ून करता...हम अलग-अलग करके रखता, लड़वाता नहीं। तुम बोल्टा (बोलता) तक़सीम करता। डिवाइड करता...स्टूपीड...आगे का नाहीं सोचता।'

सिराजुद्दीन ने डरते-डरते मुँह खोला –

'सर...सर, मिर्ज़ा ग़ालिब का मतलब हरगिज़ यह नहीं था। वे कहना चाते थे कि...'

मेटकाफ़ ने उसे टोक दिया –

'नाहीं माँगटा (माँगता)...कुछ सुनने को नाहीं बाँगटा...तुम अपना केस दिल्ली विलियम फ्रेज़र के पास लेकर जाओ...जाओ।' और फिर बड़बड़ाने लगा – 'उधर तुमारा यूसलेस ज़िल्ले सुब्हानी बादशाह के पास जाओ।'

ग़ालिब तीर की तरह बाहर आ गए। मेटकाफ़ उन्हें देखने लगा। सिराजुद्दीन ने जल्दी से आदाब किया और मिर्ज़ा के साथ हो लिए।

6

मायूस होकर मिर्ज़ा ग़ालिब वापस आए। नाव से रवाना हुए। रुकने की अब

कोई वजह नहीं थी, अब कोई उम्मीद नहीं थी। बस यह कि घर लौटना है और यह देखना है कि अब दो-ढाई साल बाद क़िस्मत उनके साथ क्या खेल खेलती है। वापसी इतनी तवील नहीं थी जितनी तकलीफ़ज़दा थी।

'आह को चाहिए इक उम्र असर होने तक
कौन जीता है तेरी जुल्फ़ के सर होने तक,

आशिक़ी सब्र तलब और तमन्ना बेताब
दिल का क्या रंग करूँ ख़ूने जिगर होने तक,

हमने माना कि तग़ाफ़ल न करोगे लेकिन
ख़ाक हो जायेंगे हम तुमको ख़बर होने तक,

ग़मे हस्ती का 'असद', किससे हो जुज़ मर्ग इलाज
शमा हर रंग में जलती है सहर होने तक।'

तेरह

1

किसी सूरत मिर्ज़ा वापस दिल्ली पहुँचे। दिल्ली की जरनैली सड़क से इक्का एक हरियाले रास्ते से होता हुआ गली क़ासिम जान में दाख़िल हुआ। दरवाज़े पर ही मुफ़्ती साहब मौजूद और उनके पीछे कल्लू मियाँ उनके इस्तक़बाल के लिए खड़े थें मिर्ज़ा इक्के से उतरे और मुफ़्ती साहब को सलाम किया।

'अस्लाम अलयकुम।'

मुफ़्ती साहब ने सलाम का जवाब गर्मजोशी से दिया और गले लगे।

'वालेयकुम अस्लाम।' मिर्ज़ा ने मकान पर नज़र डाली।

'ख़ैर से मकान तो अभी वहीं क़ायम है। इतने बरसों में खिसका नहीं अपनी जगह से।'

कल्लू मियाँ तब तक इक्के से सामान उठा चुके थे।

'कैसे हो कल्लू मियाँ - बेगम कैसी हैं?'

कल्लू मियाँ ने सर के इशारे से कह दिया ठीक है।

'वफ़ादार, सुना था चली गयी।'

'फिर लौट आयीं हुजूर, गाँव में दिल नहीं लगा उनका।'

'और छोटे मियाँ? चलने-फिरने लगे होंगे अब तक तो, टहलने जाते होंगे बाहर।'

कल्लू ने नज़रें झुका लीं। दूसरी तरफ़ देखने लगे।

मिर्ज़ा ने घबराकर पूछा –

'क्या हुआ? छोटे मियाँ की तबीयत तो ठीक है?' ग़ालिब चोग़ा उठाकर घर के अंदर दाख़िल हो गए।

घर के भीतर आकर उन्होंने देखा कि बेगम ख़्वाबगाह की दहलीज़ पर खड़ी थीं और होंठ कँपकँपा रहे थे। बात कुछ-कुछ समझ में आने लगी।

अचानक बेगम फूट कर रो पड़ीं। मिर्ज़ा ने मुफ़्ती साहब की तरफ़ देखा, वह भी कुछ ग़मज़दा, कुछ बुझे हुए थे। आह भरकर उन्होंने मिर्ज़ा को समझाया।

'सबर करो मिर्ज़ा, उसकी मरज़ी में क्या पोशीदा है, कोई नहीं जानता।' फिर एक लम्बी आह भरकर कहा, 'उसके राज़ निराले हैं।'

बस इसी बात पे मिर्ज़ा के सब्र का बाँध टूट गया -

'राज़ क्या है, मुफ़्ती साहब? क्या पोशीदा है? मेरे एक बेटा हुआ था... वह मर गया और दफ़न है क़ब्र में... इतनी सी छटंकी सी जान और उसपर मानों मिट्टी पड़ी है कि कमबख़्त करवट भी न ले सके। इसमें राज़ की कौन-सी बात है? जना था बेगम ने और मारा उसे, उसने, जिसकी मर्ज़ी बग़ैर कोई मर भी नहीं सकता।'

मिर्ज़ा इसके आगे कुछ बोल नहीं पाए। दूसरों के दर्द को ज़बान देनेवाला इस वक़्त अपने अलफ़ाज़ खो बैठां मुफ़्ती सहब ने उनके कंधे पर हाथ रखकर कहा -

'तुम्हीं ने कहा था मिर्ज़ा -

   जान दी, दी हुयी उसी को थी
   हक़ तो ये है कि हक़ अदा ना हुआ।'

ग़ालिब बस 'हूँ' कहकर रह गए। दोनों दोस्त चलकर ऊपर के कमरे में आ बैठें इस बीच कल्लू शर्बत ले आया। मुफ़्ती साहब ने एक गिलास मिर्ज़ा को दिया। मिर्ज़ा ने उसे मेज़ पर रख दिया और आँखें मूँदकर पड़े रहे।

मुफ़्ती साहब ने आवाज़ दी -

'मिर्ज़ा...'

मिर्ज़ा ने आवाज़ अनसुनी कर दी और थोड़ी देर बाद छत की दीवार तक आ गए। नीचे सूना आँगन था, इसी सूने आँगन में माज़ी का एक और ही मंज़र आँखों से गुज़र गया।

मिर्ज़ा उठे और बाहर चले गए। मुफ़्ती साहब उन्हें जाते हुए देखते रहे।

2

छोटे मियाँ को ढूँढ़ते हुए मिर्ज़ा अपने ख़ानदानी क़ब्रिस्तान में आ गए। एक नन्ही सी क़ब्र और उसमें मदफ़न उमराव और मिर्ज़ा के छोटे मियाँ, इसी मंज़र पर उभरे मिर्ज़ा के अशार।

'लाज़िम था कि देखो मेरा रास्ता कोई दिन और
तन्हा गए क्यूँ, अब रहो तन्हा कोई दिन और,

जाते हुए कहते हो क़यामत को मिलेंगे
क्या ख़ूब, क़यामत का है गोया कोई दिन और,

तुम मोहे शब चार दहम थे मेरे घर के
फिर क्यूँ ना रहा घर को वो नक़्शा कोई दिन और,

तुम कौन से थे ऐसे खरे दादओसितद के
करता मलकुलमौत तक़ाज़ा कोई दिन और।'

किसी आवाज़ ने मिर्ज़ा को चौंका दिया, तलाश रुक गई।

'असद भाई!' ग़ालिब ने नज़र उठाकर देखा, बंसीधर खड़े थे।

'क्या सोच रहे हो?'

'सोच रहा हूँ, ज़रा दरगाह तक हो जाऊँ।'

बंसीधर हैरान हुए -

'दरगाह तक!'

'हाँ, एक चादर चढ़ानी बाक़ी है, एक चादर चढ़ाई थी, जब मन्नत माँगी थी बच्चे की। एक और चढ़ानी थी शुक्राने की।' ग़ालिब बंसीधर के क़रीब आ गए।

'अब एक मोज़रत की चादर और चढ़ा आऊँगा। माफ़ी माँग आऊँ,

ख़्वाहमख़्वाह तकलीफ़ दी आपको।'

बंसीधर ने दोस्त के कंधे पर हाथ रखा। वह मिर्ज़ा की तलख़ी पहचानते थे।

'मन कड़वा मत करो, असद।'

'मैं नहीं करता, लाला।' मिर्ज़ा की आँखों के डोरे लाल हो गए।

'उस औरत का क्या करूँ जो बच्चे जनते-जनते मरी जा रही है, गोद भरने के लिए...उसकी गोद लाशों से भरी जा रही है? लाला, यह पाँचवाँ बच्चा था।'

आँसू पलकों तक आकर थम गए, बहे नहीं, मंजमीद हो गए। लाला बंसीधर मिर्ज़ा को वापस ले जाने के लिए आए थे।

'चलो...चलो, घर चलो।'

आसमान साँवला हो रहा था। दूर दोनों दोस्त जाते दिखई दिए। टूटे हुए से, बेजान से।

3

ग़ालिब अपने कमरे में अकेले थे। दीवान के पास एक शमा जल रही थी। सामने लिखने की चौकी, काग़ज़-क़लम-दवात। पास में एक आधी बोतल शराब की, सामने एक भरा हुआ जाम, कोने में कोई ख़ाली बोतलें। ग़ालिब के ज़हन में कई अशार गूँज रहे थे –

'बस कि दुश्वार है हर काम का आसाँ होना
आदमी को भी मुयस्सर नहीं इन्सां होना,

घर हमारा जो न रोते भी तो वीराँ होता
बह्र गर बह्र न होता तो बयाबां होता,

रोज़ओ-शब कुछ इस तरह कटने लगे

इशरते क़तरा है दरिया में फ़ना हो जाना,
दर्द का हद से गुज़रना है दवा हो जाना

तुझसे क़िस्मत में मेरी सूरते कुफ़्ले अबजद
था लिखा बात के बनते ही जुदा हो जाना।'

ग़ालिब कभी सोच में डूबे होते, कभी क़लम लिए काग़ज़ पर लिखते नज़र आते।

'इब्ने मरियम हुआ करे कोई
मेरे दुःख की दवा करे कोई,

बक रहा हूँ जुनूँ में क्या-क्या कुछ
कुछ न समझे ख़ुदा करे कोई।'

वही घर, वही छत, वही मिर्ज़ा के पढ़ने-लिखने का कमरा। अब कमरे के कोने शराब की बोतलों से भर गए थे। ग़ालिब ने सामने पड़ी बोतल उठाई, ख़ाली थी। कल्लू मियाँ पास ही थे, बादाम-पिस्ता की रकाबी लिए।

'कल्लू मियाँ ने ख़ाली बोतल उठा ली।

'शराब तो और नहीं है हुजूर।'

मिर्ज़ा ने ख़ाली बोतलों की तरफ़ इशारा किया -

'इन बोतलों में देखो, अगर कुछ क़तरे बचे हों।' कल्लू मुँह लगा नौकर तो था ही।

'आप जिस बोतल में पिए हुजूर, उसमें क़तरा बचता है कभी?'

ग़ालिब ने एक शेर कहा -

'मैं से ग़रज़ निशात है किस रू सियाह को
इक गूना बेख़ुदी मुझे दिन-रात चाहिए।'

4

वही बरसाती, कई दिनों बाद शाम के वक़्त हरगोपाल तफ़्ता तशरीफ़ लाए थे। मिर्ज़ा ने दिलजोई के लिए पूछा –

'शराब पियोगे?'

'मैं नहीं पीता, उस्ताद।'

'जाड़ों में भी नहीं पीते? जाड़ों में ज़रूरी हो जाता है भाई, वरना अंदर ओढ़ने को कुछ नहीं रहता।'

तफ़्ता शरमा गए। पहले इस तरह कभी गुफ़्तगू नहीं करते थे उस्ताद। मिर्ज़ा ने बात बदली –

'ख़ैर तुम कहो, कैसे आना हुआ?'

'उस्ताद हुजूर, ये मेक फ़रसन नामी शख़्स कौन है?'

'एक अंग्रेज़ है और शराब की दुकान करता है मेरठ में। कुछ अरसे से दिल्ली में भी दुकान कर ली है। मेरी ज़रूरियात का सामान वहीं से आता है।'

'कौन-सी ज़रूरियात?'

'शराब की दुकान से और कौन-सी ज़रूरियात पूरी होगी, हरगोपाल? अँगीठी के कोयले तो मँगवाने से रहा।'

'इस अंग्रेज़ से कैसे उधार ले लिया आपने?'

इसलिए कि अंग्रेज़ों पर मेरा पेंशन का क़र्ज़ बहुत है।'

'आपका क़र्ज़ तो हिंदुस्तान के बादशाह पर है।'

'अबु ज़फ़र बादशाह हो गए, पर हिंदुस्तान की बादशाहत अब किसकी है, कुछ पता नहीं चलता...हुकुमत बहादुर शाहज़फ़र की और हुकुम चार्ल्स मेटकाफ़ का चलता है। मलका इंगलिस्तान में है और बादशाहत हिंदुस्तान में।'

'इस मेक फ़रसन नामी शख़्स ने भी नालिश कर दी है आप पर।'

'उसने भी कर दी, क्या मतलब हुआ? उसके इलावा भी कोई है?'

'क्या आप नहीं जानते, उस्ताद? मथुरादास और सुखचैन दोनों ने कचहरी

में काग़ज़ात दाख़िल कर दिए है। उन्हें ख़बर मिल गई है कि कलकत्ता से आप नाकाम लौटे हैं।'

मिर्ज़ा ने एक साँस ली और कहा -

'एक दरबारीमल बचा है, उसे भी ख़बर कर दें।'

तफ़्ता ने झुँझलाकर कहा -

'आपको मज़ाक़ सूझते हैं, वहाँ एक पर एक मुक़दमा दायर होता जा रहा है आप पर।'

मिर्ज़ा ने एक आह भरी -

'देखो भाई, ये मुकदमे मुझपर नहीं, सब मेरी पेंशन पर दायर हो रहे हैं। सब उसी की उम्मीद पर मुझपर ईमान लाये थे। मेरी हैसियत तो पैगंबर की है, अल्लाह की हैसियत पेंशन की थी।'

हरगोपाल ख़ामोश हो गए। तभी कल्लू मियाँ दाख़िल हुए। ग़ालिब ने देखा, कल्लू भाई कुछ परेशानहाल था, पूछा -

'कहो भाई, तुम्हारे चेहरे पर भी कोई नालिश नज़र आती है। अब किसका मुक़दमा है?'

कल्लू हिचकिचाया -

'मैं...मैं फिर हाज़िर हो जाऊँगा। माफ़ी चाहता हूँ मुख़ल हुआ।'

'कह दो कल्लू मियाँ, तफ़्ता भाई से कोई परदा नहीं है हमें।' कल्लू पसोपेश में था, आख़िर बोलना पड़ा।

'यूसुफ़ भाई की बेगम और बच्चे जयपुर जाना चाहते हैं।'

'क्यूँ'

'बेगम शायद ख़फ़ा हैं। अपने मायके जाना चाहती हैं।'

ग़ालिब थोड़ी देर के लिए सोच में पड़ गए।

'जाओ कह दो, कल तक इंतज़ाम हो जाएगा।'

कल्लू चला गया। तफ़्ता को यह फ़ैसला कुछ जल्दबाज़ी का लगा।

'ये आप क्या कर रहे हैं? भावज को समझाएं ज़रा।'

मिर्ज़ा ने गहरी साँस ली। अब तफ़्ता को समझाएं तो क्या समझाएं!

'तफ़्ता भाई, मैं ख़ुद थक जाता हूँ यूसुफ़ मियाँ को सम्भालते-सम्भालते।सोचो

उस औरत की क्या हालत हुई होगी। मायके जाएगी तो कुछ रोज़ साँस तो ले सकेगी। मुश्किल सिर्फ़ एक है।'

कहते-कहते ग़ालिब ख़ामोश हो गए।

'क्या?'

'उधार अब किससे लूँ? दरबारीमल देगा?'

तफ़्ता उनकी तरफ़ देखते रह गए।

5

ज़रूरत और हाज़त आदमी से क्या कुछ नहीं कराते, मिर्ज़ा ग़ालिब वहीं पहुँच गए सेठ दरबारीमल के पास।

'कलकत्ता से मेरी पेंशन का हक़ तो नामंजूर हुआ, दरबारीमल। मथुरादस और सुखचैन सेठ डिग्री ला रहे हैं मुझपर। लेकिन ज़रूरियात का क्या करूँ? बिला नाग़ा पहुँचा जाती हैं। भावज और बच्चों को जयपुर भेजना है और फिर मेरी अपनी ज़रूरियात तुम जानते हो...आज रात की शराब बची है। कल्लू के पास एक रुपये की आमद और तीन आने बचे हैं। बेचने और रेहन रखने के लिए कुछ नहीं मेरे पास...एक सौ बासठ रुपये की आमद और तीन सौ का ख़र्चा। यानी एक सौ चालीस का घाटा हर माह सहता हूँ। बताओ, तुम गुज़र कर सकते हो इसपर?'

दरबारीमल ने पानदान से पान निकाला -

'पान तो आप खाते नहीं। सुना है, आपको ज़हर लगता है।'

'ज़हर होता तो खा लेता, पान है इसीलिए नहीं खाता।'

दरबारीमल ने बही-खाता निकाला और कहा -

'पता नहीं, मिर्ज़ा, मैं यह क्यूँ दे रहा हूँ आपको?...लेकिन दे रहा हूँ।'

6

मुफ़्ती साहब मिर्ज़ा ग़ालिब को ढूँढ़ते हुए हाजी मीर की दुकान पर आ गए।

'आदाब मीर साहब।'

'आदाब, आदाब – ज़हे नसीब आप हमारे यहाँ तशरीफ़ लाए।'

'मीर साहब, मिर्ज़ा नौशा से मिलना था एक ज़रा ज़हमत तो होगी...'

'तश्रीफ़ ले आइए जनाब, वह सामने तशरीफ़फ़र्मा हैं।'

दुकान के भीतर के हिस्से में मिर्ज़ा वरक़गर्दानी कर रहे थे। उन्होंने मीर साहब की तरफ़ देखा।

'कौन हैं, मीर साहब? हमसे...' और फिर मुफ़्ती साहब पर नज़र पड़ गई।

'आ हा हा, मुफ़्ती साहब आइए-आइए।'

'मियाँ नौशा अब तुम बूढ़े लगने लगे हो। सफ़ेदी छलकने लगी है दाढ़ी में।'

मिर्ज़ा ने एक शेर सुनाया –

'रौ में है रख़्शे-उम्र कहाँ देखिए थमे
न हाथ बाग पर है – न पाहै रकाब में।'

मिर्ज़ा ने मुफ़्ती साहब को आराम से बिठया।

'कहिए, अब किस जुर्म के लिए मेरी तलाश थी?'

'एक रोज़ शाम को हाज़िर हुआ था आपके दौलतकदे पर, मालूम हुआ, आप शराब नोशी में मुबतेला हैं, इसलिए ऊपर न आया।'

'आ जाते मुफ़्ती साहब, आप भी ज़रा चख लेते।'

'इस मामले में हम ज़ौक़ के क़ौल पर यक़ीन रखते हैं।'

ऐ ज़ौक़! दुख़्तरे रज़ को न मुँह लगा
छुटती नहीं है मुँह से ये काफ़िर लगी हुई।

'अच्छा आप साहबान शराब के इतने ख़िलाफ़ क्यूँ हैं? आख़िर कौन-सी बुराई है इसमें?'

मुफ़्ती साहब शराब की ख़राबी उँगलियों पर गिनकर बताने लगे –

'सबसे पहले कि शराबी की दुआ क़बूल नहीं होती।'

मिर्ज़ा ने बीच में ही टोक दिया –

'लीजिए, जिसके पास शराब मौजूद हो उस कमबख़्त को और कौन-सी दुआ की ज़रूरत है?'

दोनों खिल-खिलाकर हँस पड़े। इतने में एक लड़का दो प्याले क़हवा लिए हाज़िर हुआ।

हाजी मीर ने कहा –

'क़हवा नोश फ़र्मायें हज़रात।'

'अरे साहब, ये आफ़ताब और महताब एक ही दिन इकट्ठे कहाँ नज़र आते हैं। ये पलटी का क़हवा बहुत मशहूर है, नोश फ़र्मायें।'

दोनों हज़रात ने क़हवे की प्यालियाँ थाम लीं।

'फ़र्माइए कैसे तशरीफ़ आवरी हुई?'

मुफ़्ती साहब ने जेब से एक ख़त निकाल लिया।

'हज़रत नासिख़ मियाँ का ख़त आया है, आजकल दक्कन में हुन बरस रहा है। हैदराबाद के महाराज चंदूलाल एक कमाल के क़द्रदाँ हैं। अगर वहाँ चले जाएं तो सब दलिद्दर दूर हो जाएंगे।'

मिर्ज़ा कुछ सोच में पड़ गए।

'मुफ़्ती साहब ख़ामोशी से क़हवा पीते रहे।

'अलावा इसके मुफ़्ती साहब, वह अस्सी बरस का बूढ़ा ख़ूद क़ब्र में पाँव लटकाए बैठा है...जब तक मैं हैदराबाद पहुँचूँ, वह अदमआबाद पहुँच चुका होगा।'

'अदमआबाद' बोलते वक़्त मिर्ज़ा ने आसमान की तरफ़ इशारा किया। मिर्ज़ा और मुफ़्ती ने जूतियाँ पहन लीं और दोनों दोस्त ख़ामोशी से दुकान के बाहर आ गए।

दुकान से बाहर आकर दोनों ने सड़क पकड़ी और मुफ़्ती साहब ने अपनी चुप्पी तोड़ी –

'दिल्ली कॉलेज में फ़ारसी पढ़ाने पर भी आप रज़ामंद नहुए।'

मिर्ज़ा ने उनकी तरफ़ देखा –

'आपको किसने बताया?'

'ख़ुद जैम्स टॉमसन ने। उन्होंने बताया कि उनके पास तीन नाम आए थे। जिन्हें दिल्ली में फ़ारसी का उस्ताद माना जाता है।'

मिर्ज़ा ने अपने शोख अंदाज़ में पूछा –

'दूसरे और तीसरे दर्जे पर कौन थे?'

'हकीम मोमिन ख़ान मोमिन और शेख़ इमामबख़्श सहबाई के नाम दिए गए थे उन्हें।'

'तो टॉमसन साहब ने यह भी बताया होगा कि नौकरी मैंने क्यूँ छोड़ी।'

इस बीच कुछ ख़ाली पालकियाँ सड़क से गुज़र गईं। अब मिर्ज़ा ने अपनी वजह बयान की –

'मुलाज़मत इसलिए करना चाहता हूँ कि उससे मेरे अंज़ोनाज़ में इज़ाफ़ा हो। न कि जो पहले है उसमें भी कमी आ जाए।'

'लेकिन आप मुलाज़मत करने के लिए गए थे...'

मिर्ज़ा के बर्ताव में कुछ तल्ख़ी आ गई। उन्होंने मुफ़्ती साहब की बात काटी –

'...मुलाज़िम की हैसियत लेकर नहीं, ज़बाने फ़ारसी के उस्ताद की हैसियत से गया था...उनके घर पर। कॉलेज या मदरसे में नहीं और वह उठकर इस्तक़बाल न कर सके?'

मिर्ज़ा बोलते-बोलते कुछ तैश में आ गए। उन्होंने एक ख़ाली पालकी रोक ली और उसमें जा बैठे। पालकी उन्हें लेकर चल दी। मुफ़्ती साहब देखते रह गए और जैसे अपने आपसे मुख़ातिब हुए –

'मिर्ज़ा, तुम जान गए थे ये तजवीज़ मेरी थी। इसलिए यह एहसान न लिया तुमने।'

7

मुफ़्ती साहब से पिंड छुड़ा लेना एक बात थी, लेकिन वकील हीरालाल

माननेवालों में न थे। उन्होंने मिर्ज़ा को आड़े हाथों लिया। वकील साहब अपने दफ़्तर में क़नूनी क़िताबों से घिरे बैठे थे।

'मुलाज़मत तुमसे होगी नहीं। पेंशन तुम्हारी मिलेगी नहीं। इख़राजात कम नहीं होते तो फिर क्या करोगे? जुआ खेलकर गुज़ारा करोगे ज़िंदगी भर?... भूल जाओ कि बादशाह तुम्हें किसी दिन दरबार में बुलाएंगे। इब्राहीम ज़ौक़ के होते हुए तुम कहीं पास भी नहीं फटक सकते।'

वकील को कैसे चुप कराते और उस वकील दोस्त को जो गुस्से में भरा हुआ हो।

'जितना क़र्ज़ ले सकते थे, ले चुके बल्कि इतना ले चुके हो जितना नहीं लेना चाहिए था। कहाँ से अदा करोगे वह सब? तुम्हारे पास बेचने और गिरवी रखने को भी कुछ नहीं है। किराये के मकान में रहते हो और...'

ग़ालिब सर झुकाये सुन रहे थे।

'कुछ समझ में आता है, जो मैं कह रहा हूँ?'

मिर्ज़ा ने नपे-तुले लफ़्ज़ों में जवाब दिया।

'हीरालाल, तुम वह सब बता रहे हो जो मैं जानता हूँ। जो मैं नहीं जानता वह यह है कि जब मथुरादास डिग्री लेकर मेरे मकान पर आएगा तब क्या होगा?'

हीरालाल ने संजीदगी से हक़ीक़त बयान की, वह अब चिढ़ भी गए थे -

'होगा यह कि कचहरी के चार कारिंदे आपको घर से लेकर कचहरी तक जाएंगे।'

मिर्ज़ा ने पूछा -

'हथकड़ी भी लगाएंगे?'

मुस्तक़बिल का मंज़र मिर्ज़ा की आँखों के सामने आ गया। लाल वर्दी पहने दो कारिंदे आगे और दो कारिंदे पीछे और मिर्ज़ा सर झुकाए उनके दरमियान चल रहे थे। आस-पास गली के राहगीर उनको देख रहे थे और हीरालाल बयाँ किए जा रहे थे।

'नहीं, ये हक़ उन्हें नहीं है, लेकिन दो कारिंदे अपके आगे होंगे, दो

पीछे और आप सर झुकाए अपनी गली से गुज़रेंगे। शर्मओ हया से ज़मीन में गड़े हुए...और इस तरह आपको कचहरी तक लाया जाएगा, कठेरे में खड़ा कर दिया जाएगा।'

और हक़ीक़तने जब मिर्ज़ा को कारिंदे लेकर जा रहे थे उस वक़्त तुफ़्ता वहाँ गली में मौजूद थे।

8

ग़ालिब अदालत के कठेरे में खड़े थे। सामने मजिस्ट्रेट और अदालत के बाक़ी मुलाज़िम। हीरालाल ने आकर कुछ दस्तावेज़ अदालत के मुंशी को एहतराम से सौंप दिए और सलाम करके अपनी जगह आ गए। मुंशी ने काग़ज़ात मजिस्ट्रेट को पेश किया। अदालत में कई लोग मौजूद थे।

'आज मैं तमाशाई बन गया हूँ, रंजओ ज़िल्लत से ख़ुश होता हूँ। ख़ुद से कहता हूँ...लो, ग़ालिब के एक और जूती लगी...बहुत इतराता था कि मैं बड़ा शायर और फ़ारसीदाँ हूँ आज दूर-दूर तक मेरा जवाब नहीं...ले, अब तो क़र्ज़दारों को जवाब दे, कुछ तो उकसो, कुछ तो बोलो – बोले क्या...बे-हया, बे-शर्म, बे-ग़ैरत! कोठी से शराब, गंधी से गुलाब, बज़ाज़ से कपड़ा, मेवाफ़रोश से, आम, साफ़ से दाम...क़र्ज़ पे क़र्ज़ लिए जाता था, ये भी सोचा होता, कहाँ से दूँगा?'

क़र्ज़दारों से तो बरी हो गए मिर्ज़ा, लेकिन क़र्ज़ की आदत से छूटे नहीं थे कि जुए की आदलत में पकड़े गए।

9

मिर्ज़ा जुआ खेलने से बाज़ न आए। घर के बाहर चौपाल या किसी चबूतरे पर बैठते और चौसर बिछा दी जाती। हाफ़िज़ ग़ालिब की ग़ज़ल गाता हुआ बाज़ार से गुज़र रहा था –

कोई दिन गर ज़िंदगानी और है
अपने जी में हमने ठानी और है,

बारहा देखी हैं उनकी रंजिशें
पर कुछ अब के सरगिरानी और है,

दे के ख़त, मुँह देखता है नामाबर
कुछ तो पैग़ामे-ज़बानी और है,

हो चुकीं ग़ालिब बलाएँ सब तमाम
एक मर्गे नागहानी और है।

चौदह

1

मिर्ज़ा ग़ालिब को जुए के जुर्म में जेल हो गई। घर से उनके लिए खाना भेजा जा रहा था। उमराव बेगम कल्लू मियाँ को हिदायत दे रही थीं। वफ़ादार पास ही थी।

'कुछ शामी कबाब ज़रूर रख लेना, कल्लू मियाँ, बहुत शौक़ से खाते हैं। क़ैदख़ाने में भूख ही कहाँ लगती होगी। पड़े रहते होंगे सारा दिन।'

कल्लू मियाँ बता रहे थे –

'बस पढ़ते रहते हैं या लिखते रहते हैं सारा दिन। नवाब शेफ़्ता हर दूसरे दिन मिलने जाते हैं।'

'शराब तो न मिलती होगी उन्हें?'

कल्लू ने कोई जवाब देना मुनासिब न समझा। हिदायत देकर उमराव बेगम आँगन में आ गईं। एक खाट पर लालाइन, लाला बंसीधर की बीवी बैठी थी, कंघी-तेल लेकर उमराव के इंतज़ार में। उमराव रोते-रोते कंघी करवाने बैठ गईं। लालाइन ने ढाढ़स दिलाई।

'अब बस भी करो। सुबह से ऐसे ही घूम रही हो।' लालाइन ने चुटिया खोली।

'अब सब्र करो। बस रोती रहती हो हर वक़्त।'

'मुझे उसी रोज़ से मालूम था, जब से उन नये-नये अमीरज़ादों से दोस्ती हुई थी।'

'कौन हैं ये अमीरज़ादे?'

'चाँदनी चौक के जौहरियों के लड़के। दिन-रात ऊपर बैठे जुआ खेलते थे। मैंने टोका तो झिड़क दिया मुझे।' और उमराव बेगम ने गुज़शता वाक़िया सुनाया।

हुआ यूँ था कि मिर्ज़ा ऊपर जा रहे थे। उमराव ने टोका तो बिगड़ गए -

'मैं थोड़ा ही खेल रहा हूँ और लोग खेल में कोई शर्त बदलें तो मैं क्यूँ मना करने चला।'

'उमराव समझाने चलीं -

'मिर्ज़ा फ़ानी कोतवाल थे तो कोई फ़िक्र न थी आपको। ये जो नये आए हैं - फ़ेजुलहसन। सख़्त अदावते रखते हैं आपसे। किसी रोज़ ख़ुदा न करे...'

मिर्ज़ा चिढ़ गए -

'नहीं करेगा ख़ुदा। इससे पहले भी वह सबकुछ न किया उसने, जो तुम चाहती थीं। तुम्हारे साथ बहुत बनती है ख़ुदा की, मैं जानता हूँ।' मिर्ज़ा ऊपर चले गए।'

आँगन में उमराव बेगम बैठी थीं और लालाइन उनकी कंघी कर रही थीं। उमराव ने आँखें पूँछकर लालाइन से कहा -

'उसके उगले दिन ही की बात है, मैं अंदर बैठक में थी कि छापा पड़ा। बहुत सारे सिपाही साथ लेकर कोतवाल आ-धमका और सीधे ऊपर के कमरे में चढ़ गया। वफ़ादार भागी-भागी अंदर आई।'

वफ़ादार जब भागी-भागी अंदर आई तो उमराव बैगम कुछ काम कर रही थीं। वफ़ादार की हवाइयाँ उड़ी हुई थीं।

'बेगम, बेगम साहिबा...हुजूर की टोपी चोग़ा...वे लोग उन्हें कोतवाली लेकर जा रहे हैं।'

उमराव चौंक गई -

'कौन लोग?'

'कोतवाल हैं शायद...वे लोग जुआ खेल रहे थे, उन्हें पकड़ लिया सिपाहियों ने। हुजूर से कहते हैं, वे घर में जुआख़ाना चलाते हैं। इसलिए उन्हें भी कोतवाली चलना होगा।'

उमराव का दिल बैठ गया था सुनकर।

'अल्लाह...'

वफ़ादार मिर्ज़ा का चोग़ा टोपी लेकर चली गई।

उमराव बेगम के बाल सँवारते हुए लालाइन ने भरोसा दिलाया –

'तुम्हारे भाई साहब गए हैं। ज़रूर कोशिश करेंगे। छुड़ा लाएंगे उन्हें। ज़रूरत पड़ी तो क़िले तक जाएंगे।

2

बादशाह बहादुरशाह ज़फ़र अपने लिखने-पढ़ने के कमरे में बैठे थे। उनके पास उनका एक मुशीर खड़ा था। उन्होंने एक ख़त मुशीर को देते हुए कहा –

'ये खत कंवर वज़ीर अली मजिस्ट्रेट के हाथ में देना और कहना हमारी ज़ाती ख़्वाहिश है कि मिर्ज़ा नौशा को कोई सज़ा न दी जाए और बाइज़्ज़त रिहा कर दिया जाए।'

मुशीर ने ख़त ले लिया।

'बर्तानवी रेज़ीडेंट से हम खुद सिफ़ारिश करेंगे कि वह मिर्ज़ा नौशा को बरी कर दें।'

मुशीर ख़त लेकर चला गया। इतने में चोबदार ने आकर ख़बर दी –

'ज़िल्ले सुब्हानी, मौलाना नसीरूद्दीन बारयाबी की इजाज़त चाहते हैं।'

बादशाह ने चोबदार से कहा –

'आने दो भाई, काले मियाँ हमारे पीर हैं।' काले लिबास में काले मियाँ अंदर आ गए। उनके हाथ में तस्बीह थी।

'अल्लाहू... अल्लाहू।'

काले मियाँ ने तस्बीह, बादशाह सलामत की पेशानी से छूकर उन्हें दुआ दी।

'तशरीफ़ रखिए, मौला।'

'सुना है, मिर्ज़ा नौशा के लिए कुछ परेशान हैं आप?'

'जी हाँ, शहर कोतवाल ने क़ैदख़ाने में बंद कर दिया है उन्हें। जुए

की बला में पड़ गए हैं। वह शायर तो बाकमाल हैं, काले मियाँ, लेकिन जुए-शराब की लत बुरी लगी है उन्हें।'

'तबीयत बहुत शाहाना है उनकी। वसीले नहीं हैं इसलिए बदनाम हो गए। आपका वह शेर उनपर ख़ूब मोज़ूँ होता है –

या मुझे अफ़सरे शाहाना बनाया होता
या मेरा ताज गदायाना बनाया होता।'

बादशाह ने अगला शेर पेश किया –

'ख़ाक्सरी के लिए गरचा बनाया था मुझे
काश ख़ाके दर जानां ना बनाया होता।'

'हमारा बस चलता पीर साहब, तो मिर्ज़ा नौशा को दरबार में बुला लेते, अपने पास रख लेते...लेकिन क्या करें। अव्वल तो वह दरबार ही न रहा। दोयम उस्ताद ज़ौक़ के होते हुए ख़ुद को मजबुर महसूस करते हैं।'

'कोई रास्ता निकालिए, जिससे उनकी आमदनी बनी रहे और ऐसी ज़िल्लत न उठानी पड़े।'

'ग़ालिब मलकुल-शोरो से कम कोई समझौता न करेगा। दूसरे दर्जे की कोई बात उसे मंजूर न होगी।'

'फ़ारसी का उस्ताद है। उससे ख़ानदान तैमूरिया की तारीख़ लिखवाएं। उसका दर्जा भी बना रहेगा और इज़्ज़त भी।'

बादशाह सलामत सोच में पड़ गए।

'सारा शहर दिल्ली इस बात से गूँज रहा है कि मिर्ज़ा ग़ालिब हवालात में बंद हैं। बताएं यह किसी अदना जुआरी का तज्किार है या किसी अज़ीम शायर का?'

3

ग़ालिब ज़िनदान में बंद शेर कह रहे थे –

'दोस्त ग़मख़्वारी में मेरी सई फ़र्मायेंगे क्या
जख़्म के भरने तलक, नाखुन ना बढ़ आयेंने क्या

अज़रत नासेह गर आवें दीदाओ दिल फ़र्शे राह
कोई मुझको ये तो समझा दो कि समझायेंगे क्या।'

4

ग़ालिब की क़ैद से सारी दिल्ली नाराज़ थी, मगर मुलकुल शोरा इज़रत ज़ौक़ की कोठी में खुशी का माहौल था। हज़रत यास अपनी खुशी दबा न सके। हाँ ज़ौक़ संजीदा थे। पास में ज़ौक़ के कई शागिर्द... मिर्ज़ा ग़ालिब से ख़ार खाए हुए थे, वे आपस में जुमलाबाज़ी करने से बाज़ न आए।

'हमें तो मालूम था, स्याना कव्वा आख़िर वहीं गिरा जहाँ पर...'

'जहाँ की ईंट वहीं जाके लगेगी। और क्या?'

'आप ख़्वाहमख़्वाह परेशान न हों उस्ताद मोहतरम।'

ज़ौक़ ने आह भरी और फ़रमाया –

'हमें अफ़सोस है कि मिर्ज़ा ग़ालिब को एक अदना कोतवाल के हाथों इस तरह ख़्वार होना पड़ा... लेकिन उससे ज़्यादा अफ़सोस हुआ, जब बादशाह ज़फ़र को एक जुआरी की ख़ातिर एक अदना फ़िरंगी से दरख़्वास्त करनी पड़ी और वह भी नामंज़ूर हो गई।... और तो और मुंसिफ़ अदालत कंवर वज़ीर अली ख़ाँ ने भी बादशाह सलामत का लिहाज़ न किया...।' सारी महफ़िल सुन रही थी।

'...और मिर्ज़ा को छः माह क़ैद बामशकत और दो सौ रुपया जुर्माने

का फ़ैसला सुना दिया।'

सभी ने सब्र से ख़बर सुनी और उनकी बाँछें खिल गईं।

5

मिर्ज़ा ग़ालिब जेल में अपनी ग़ज़ल पूरी कर रहे थे –

'गर किया नासेह ने हमको क़ैद, अच्छा यूँ सही
ये जुनूने इश्क़ के अंदाज़ छुट जायेंगे क्या,

ख़ाना ज़ादे जुल्फ़ हैं, ज़ंजीर से भागेंगे क्यूँ
हैं गिरफ़्तारे वफ़ा, ज़िंदाँ से घबरायेंगे क्या,

है अब इस मामूरे में कहते ग़मे उलफ़त असद
हमने ये माना कि दिल्ली में रहें खावेंगे क्या?'

6

कोतवाल फ़ैजुहसन साहब जब कोतवाली के दफ़्तर में वारिद हुए तो हकीम मोमिन उनके इंतज़ार में बैठे थे। मोमिन उठे और अंदर आने की इजाज़त चाही।

'मैं हाज़िर हो सकता हूँ?'

'आइए-आइए हकीम साहब, तशरीफ़ रखिए। आप फिर उसी क़ैदी के सिलसिले में आए होंगे।'

'जी हाँ, ग़ालिब से ही मिलने आया हूँ...लेकिन आपके नाम भी एक ख़त है।'

कोतवाल ने तंज़िया कहा –

'इस बार किसकी सिफ़ारिशी चिट्ठी है?'

हकीम मोमिन ने हँसते हुए जवाब दिया –

'डॉक्टर रास!...पिछली बार नवाब शेफ़्ता के साथ आएं थे ग़ालिब से मिलने।'

कोतवाल ने कुर्सी की पुश्त पर पीठ टिकाते हुए अपनी मजबूरी जताई –

'दो बातें में आप पर वाज़्य कर दूँ, हकीम मोमिन साहब। अव्वल तो यह कि उनकी रिहाई मेरे हाथ में नहीं, उनकी गिरफ़्तारी ज़रूर मेरे हाथ में थी, क्योंकि जुआ खेलना कानूनन जुर्म है, और मुज़रिम को पकड़ना मेरा फ़र्ज़ है। लेकिन रिहाई...उन्हें सिर्फ़ अदालत ही से मिल सकती है।'

हकीम ने सर हिलाकर उनकी ताईद की।

'और दूसरी बात? दूसरी यह कि उनकी क़ैद छःमाह बामशक़त थी। बादशाह सलामत के कहने पर भी हम उन्हें रिहा न कर सके। लेकिन मशक़त माफ़ कर दी। क़ैद सिर्फ़ नज़रबंदी ही रह गई। खाना-कपड़ा सब घर से आता है। दोस्त अहबाब के मिलने पर कोई ख़ास पाबंदी नहीं, सिर्फ़ वक़्त का ख़्याल रखा जाता है, इससे ज़्यादा और कौन-सी आसाइश एक क़ैदी को मुहैया की जा सकती है?'

'क़ैद तो बहरहाल क़ैद होती है, कोतवाल साहब।

कोतवाल ने तीखी निगाह से मोमिन को देखा।

'अच्छा? एक शराबी और जुआरी से इतना लगाव क्यूँ है नवाब साहब को? ये निस्बत उनके शाने शियान नहीं है।'

'देखिए कोतवाल साहब, ग़ालिब ने कभी पारसाई का दावा नहीं किया। नवाब साहब की अक़ीदत ग़ालिब के लफ़्ज़-ओ-कमाल की बिना पर है। वह इस दौर का बहुत बड़ा शायर है। शाराब पीने और जुआ खेलने से वह शायर छोटा नहीं हो जाता।'

मोमिन कुछ रुके, फिर बात आगे बढ़ाई –

'और जहाँ तक इस निस्बत का सवाल है, अल्लाह ने चाहा तो तवारिख़ आप दोनों का ही ज़िक्र करेगी। सिर्फ़ इसलिए कि आप दोनों हज़रात किसी-न-किसी शक्ल में ग़ालिब से मंसूब हैं।'

मोमिन ने डॉक्टर रास का ख़त उन्हें पकड़ा दिया। कोतवाल ने बेरुख़ी से खत लिया और कहा –

'देखिए, जेल के मुजरिमें पर अगर तवारिख़ लिखी गई तो शायद...'

कोतवाल ने ख़त खोला और उसे पढ़ने लगा।

'डॉक्टर रास ने एक अर्ज़ी अदालत में दाख़िल की है कि मिर्ज़ा की तबीयत क़ैदख़ाने में अक्सर नासाज़ रहती है...और एक ख़त आपके नाम कि आप इसकी वाईद करें।'

कोतवाल ने मोमिन की तरफ़ नज़रें कीं और गुस्से से कहा –

'मुझसे क्यूँ झूठ बुलवाना चाहते हैं आप? क्या तकलीफ़ है उन्हें? अच्छे-ख़ासे हैं, हे-के, हैं और बड़े खुश रहते हैं। मुझे तो अफ़सोस इस बात का है कि उन्हें कभी ग़मज़दा नहीं देखा।'

हकीम मोमिन अपना-सा मुँह लेकर रह गए।

7

ग़ालिब अच्छे-भले थे। चेहरे पर कोई तनाव नहीं, मिज़ाज में कोई भटकाव नहीं। मिर्ज़ा ग़ालिब अपनी कोठरी में किसी क़िताब का मुताला कर रहे थे। उनके पास बहुत सारी क़िताबें रखी हुई थीं।

इतने में किसी के सिसकने की आवाज़ आई। मिर्ज़ा के मुताले में ख़ल्ल पड़ा। आवाज़ बंद हो गई और मिर्ज़ा फिर अपनी क़िताब में खो गए। फिर वही सिसकना, मिर्ज़ा ने क़िताब बंद कर दी। उन्होंने इधर-उधर देखा कि पता करें, माजरा क्या है? गलियारे से एक सिपाही आता हुआ नज़र आया। मिर्ज़ा ने इशारा करके उसे बुलाया –

'सुनो...इधर आओ।'

सिपाही ख़ुशी-ख़ुशी उनकी कोठरी की तरफ़ आया। कोठरी का दरवाज़ा खुला था, वह अंदर आ गया।

'फ़र्माइये...'

'यह कौन रो रहा है? सुबह से कई बार सुन चुका हूँ।'

मिर्ज़ा ग़ालिबः एक स्वानही मंज़रनामा

'एक जवाँ साल लड़का है, हुजूर। किसी जुर्म में पकड़ा गया है, हुजूर! तीन महीने की क़ैद की सज़ा सुना दी गई। अकेला बंद कर दिया गया है कोठरी में।'

'अच्छा तो तन्हाई बर्दाश्त नहीं होती उससे।'

'जी।'

'ठीक है जाओ।'

'एक शेर पेश करूँ?...अर्ज़ किया है...'

ग़ालिब ने सख़्ती से मना किया।

'जाओ...ये शेर पढ़ने का वक़्त नहीं है।'

सिपाही सलाम बजाकर चला गया। ग़ालिब ने फिर क़िताब खोली। अभी एक पन्ना ही पलटा था कि फिर सिसकने की आवाज़ आई। ग़ालिब उठे, उपनी छड़ी सम्भाली और कोठरी का दरवाज़ा खोलकर गलियारे में आ गए।

अब रोने की आवाज़ नज़दीक से आने लगी। वह उस कोठरी के पास आए और देखा उस रोते हुए क़ैदी को, जो एक कोठरी में बंद था और दरवाज़े पर बड़ा-सा ताला लगा था। मिर्ज़ा ने क़ैदी की तरफ़ देखा।

'क्यूँ मियाँ, क्या हुआ?'

लड़के ने रूँधी हुई आवाज़ में जवाब दिया –

'क़ैद हो गई – तीन माह की।'

'हूँ, तो रो क्यूँ रहे हो?'

लड़के ने हिचकिचाते हुए जवाब दिया –

'आज मेरी शादी होनेवाली थी।'

ग़ालिब मुस्कराए –

'उम्रक़ैद से बच गए। तीन माह की न होती तो उम्रक़ैद हो जाती, अल्लाह बड़ा कारसाज़ है। मियाँ शुक्र बजा लाओ उसका कि कोतवाल फ़ैजुल हसन के हाथों एक और भला काम करवाया। इस क़ैद से तो बहरहाल छूट जाओगे, उस क़ैद से कभी न छूटते।'

लड़के की सिसकियाँ बंद हो गईं, ग़ालिब को देखता रह गया। मिर्ज़ा रुके नहीं, वापस अपनी कोठरी की तरफ़ चल दिए।

8

मिर्ज़ा कई दिन से क़द में थे, लेकिन उनके घर में उनकी हर याद, हर चीज़ को सँवारा जाता था। वफ़ादार इस वक़्त वही कर रही थी। उनके पढ़ने-लिखने के कमरे की सफ़ाई हो रही थी। क़िताबें, कागज़ सम्भालकर रखे जा रहे थे। बाहर के दरवाज़े पर दस्तक हुई। उसने ऊपर से देखा कि हाजी मीर तशरीफ़ लाए थे। दरवाज़ा खोलकर वफ़ादार ऊपर लौट आई, तुतला के वफ़ादार ने खबर की –

'बेगम साहिब।'

'क्या है, वफ़ादार?'

'हाजी मील (मीर) आए हैं। आपसे कुछ गुफ़्तगू कलना (करना) चाहते हैं।'

'बुला लो।'

'ऊपल (ऊपर) ही बुला लेती हूँ। यहीं पलदे (परदे) से बात कर लीजिए।'

उमराव बेगम ने हामी भरी।

'ऊपर तशरीफ़ लाईये मील (मीर) साहब।'

वफ़ादार हाजी साहब को सीढ़ियाँ चढ़ाकर ऊपर ले आई और वहीं एक दीवार की ओट से उनकी बात हुई।

'तस्लीम अर्ज़ करता हूँ, बेगम साहिब। मिर्ज़ा नौशा, नाचीज़ को हाजी मीर के नाम से जानते हैं। कुतुबफ़रोशी की दुकान है मेरी।'

'मैं जानती हूँ, मीर साहब। आपकी दुकान पर ही दिन गुज़ारा करते हैं अक्सर, बहुत तारीफ़ करते हैं आपकी।'

मीर साहब ने माथा छूकर तारीफ़ के लिए शुक्रिया किया।

'बंदा किस क़ाबिल है। मैं हाज़िर हुआ था, यह ख़बर देने मिर्ज़ा नौशा के दीवान का एक नुस्ख़ा, जो आगरा से लिखकर आया था, मेरे यहाँ पड़ा था। वह छपने चला गया है और कुछ बयाना, जो मैं हासिल कर सका पेश किए जाता हूँ...शायद वक़्त-ज़रूरत काम आए।'

उमराव बेगम ने फ़राग़त की साँस ली। कुछ दीवान के छपने की ख़बर सुनकर, कुछ बयाना की बात सुनकर। ये दोनों ख़बरें उनके लिए ख़ुशी लेकर आई थीं।

'शुक्रिया हाजी साहब। अल्लाह आपको सारे सवाब बख़्शे।' उमराव बेगम ने वफ़ादार से कहा, जो पास ख़ड़ी थी, 'वफ़ादार, हाजी साहब से रुपया ले लो।' फिर उन्होंने हाजी साहब से कहा –

'मियाँ तो दो-तीन माह से घर पर नहीं हैं, आप जानते हैं।'

हाजी मीर सारी दास्तान जानते थे –

'जी हाँ! डॉक्टर रास दिल्ली के सरकारी सिविल सर्जन हैं। नाम याफ़्ता जिर्राह और तबीब हैं...नवाब शेफ़ता अब उनकी सिफ़ारिश लेकर गए हैं। शायद फ़िरंगी रेज़ीडेंट मान जाएं और दो-एक रोज़ में रिहा कर दें मिर्ज़ा साहब को।'

उमराव बेगम ज़्यादा बोल न सकीं।

'अल्लाह करे, वह घर लौट आएं बस...फिर जो जी आए करें।'

हाजी मीर ने इजाज़त चाही –

'इजाज़त चाहूँगा। मेरे लायक कोई ख़िदमत हो तो ज़रूर याद फ़र्माइएगा। ख़ुदा हाफ़िज़।'

हाजी साहब चल दिए। सीढ़ियाँ उतरने की आवाज़ आई, फिर बाहर जाने की। अब जाकर बेगम ने वफ़ादार को ज़रूरी हिदायत दी।

'वफ़ादार, जाओ, कुछ सौदा सुल्फ़ उठा लाओ बनिए से और कल्लू मियाँ कहाँ हैं?'

'धोबी के यहाँ गया है। अभी तक लौटा नहीं।'

'ये बयाना काम आया। घर में अनाज ख़त्म हुई जा रही थी। इस बीच वह आ जाएंगे तो अब कोई परेशानी न होगी।'

वफ़ादार बनिये के यहाँ गई और उमराव कुछ कपड़े उठाकर आँगन की तरफ़ चल पड़ी। आँगन में कपड़े रखकर मुड़ी ही थी कि सामने तख़्त पर किसी को बैठा पाया। मिर्ज़ा थे...छड़ी पर दोनों हाथ टिके थे और हाथों के ऊपर सर रखा था।

वह पास आकर बैठ गईं और अचानक फफककर रो पड़ीं। उनका सर मिर्ज़ा की पीठ पर था। उनकी हिचकियों से मिर्ज़ा का तन-बदन काँप रहा था।

पंद्रह

1

तफ़्ता के घर में आम की दावत थी। सभी हज़रात आज के दिन सिर्फ़ आम खाने के लिए मदऊओ थे और मेज़बान थे हरगोपाल तफ़्ता और उनकी बेगम कौशल्या। मिर्ज़ा ग़ालिब अपने ज़िदान के तासुरात सुना रहे थे।

'सबसे बड़ा ख़तरा तो यही था कि इन क़ैद के छः महीने में कहीं ऐसा न हो कि आमों को मौसम आए और गुज़र भी जाए।'

'सभी मेहमान हँस पड़े।

'मेरे जुर्म तो बहरहाल ऊपर जाके भी माफ़ हो जाते, लेकिन वह क्या कहते हैं मुंसिफ़ को, मजिस्ट्रेट के ये जुर्म मैं कभी माफ़ न करता।'

इतने में कौशल्या आ गईं और मिर्ज़ा से पूछा -

'भाई साहब, ख़ास कुछ और भिजवा दूँ?'

'नहीं कौशल्या, जब आम हैं तो ख़ास की कोई ज़रूरत नहीं।'

कौशल्या चली गईं। नवाब शेफ़्ता ने बातचीत का मुद्द फिर क़ैद के तासुरात की तरफ़ मोड़ दिया -

'लेकिन कोतवाल ने एक लिहाज़ तो ज़रूर किया कि आपकी कैद छः माह बामशक़त थी। आपसे मशक़ नहीं कराई। वह माफ़ कर दी।'

'एक माह तो बामशक़त रही साहब - रोज़ पाँच कोड़े पड़ते थे।'

हैरान होकर वफ़्ता ने पूछा -

'कोड़े ऽऽऽ?'

सभी ने हैरत से एक-दूसरे की तरफ़ देखा। ग़ालिब बड़े चाव से आम चूस रहे थे।

शेफ़्ता को यक़ीन नहीं हुआ -

'कोड़े पड़ते थे ये तो... नामुकिन है, मिर्ज़ा।'

मिर्ज़ा ने समझाया -

'अजी साहब...एक सिपाही जिसे हमारी निगरानी के लिए मुक़र्रर किया गया था, कुछ शायराना मिज़ाज थे। हर रोज़ अपने पाँच शेर सुनाया करते थे और दाद चाहते थे। एक-एक शेर एक-एक कोड़े की तरह पड़ता था मेरी पीठ पर। एक महीने में ही मेरी खाल उधेड़ दी इन हज़रात ने।'

ग़ालिब की लतीफ़ाबाज़ी में सभी को मज़ा आ रहा था तफ़्ता ने बात आगे बढ़ाई -

'फिर छुटकारा कैसे मिला?'

'दारोग़ा से कहकर बड़ी मुश्किल से तब्दिली कराई उसकी।'

नौकर हाथ-मुँह धुलाने के लिए चरंच लेकर आया। बड़ी देर से एक नौजवान पीछे बैठे बातें सुन रहे थे। नवाब शेफ़्ता ने मिलाया -

'मिर्ज़ा के हाथ से आम छूटकर नीचे गिरा। उन्होंने नौजवान से पूछा -

'बामशक़त और कितने शेर पढ़ेंगे?'

नौजवान झेंप गया। बाक़ी लोग हँसते रहे। नौजवान ने शायेस्तगी से अर्ज़ किया -

'मैं आपका बहुत बड़ा मद्दाह हूँ। दूर से आया हूँ, मुझे मायूस न कीजिएगा।'

'कहाँ से आए हो?'

'मैं पानीपत का रहनेवाला हूँ।'

नाम क्या है?'

अलताफ़ हुसैन।'

'और तख़ल्स?'

'हाली...'

ग़ालिब ने सर हिलाया।

'हाली...अच्छा है।'

हाली मिर्ज़ा ग़ालिब के पास आकर दो जानू हुए। मिर्ज़ा के हाथ का बोसा लिया और उस हाथ को माथे से छुआ लिया। ग़ालिब ने बड़ी शफ़क़त से कहा -

'अलताफ़ मियाँ...एक आम।'

'नहीं क़िबला।'

अलताफ़ हुसैन हाली, मिर्ज़ा ग़ालिब के सबसे मुमताज़ शागिर्द कहलाए। यह सुनकर ग़ालिब का ज़माना और नज़दीक नज़र आता है कि हाली, इस दौर के एक बहुत बड़े अदीब जनाब ख़्वाजा अहमद अब्बास के नाना थे।

2

जुमेरात के दिन, 4 जुलाई, 1850 ईसवी बमुताबिक़ 23 शबान हिजरी मिर्ज़ा ग़ालिब बादशाह बहादुरशाह ज़फ़र के सामने पेश हुए।

लालक़िला - दरबारे मुग़लिया - बहादुर शाह ज़फ़र ने इतने बरसों बाद मिर्ज़ा ग़ालिब की क़दर पहचानी और इज़्ज़त बख़्शी।

'नजमुद्दौला दबीरुमुल्क, निज़ामे जंग - मिर्ज़ा असद उल्लाह ख़ान ग़ालिब!...हम इस दरबारशाही में आपका इस्तक़बाल करते हैं।'

ज़ौक़, काले मियाँ, मुफ़्ती साहब और दीगर शायर और सुख़्न मौजूद थे। मिर्ज़ा को ख़िलअते अदा की गई। दोशाला उढ़ाया गया। लालओ जवाहर से नवाज़ा गया। काले मियाँ उठे। दुआ में हाथ उठाये। उनके हाथों में तसबीह।

'अल्लाह हू - अल्लाह हू।'

मुफ़्ती सदरूद्दीन ने मिर्ज़ा ग़ालिब को गले से लगाया।

3

मिर्ज़ा क़िले से सीधे गली क़ासिम जान आ गए और सारी तफ़सील बेगम को सुना दी। 'अब तो खुश हो जाओ, बेगम। तुम्हारी दुआएं क़बूल हुईं।'

'सिर्फ़ ख़िताब ही दिया। दबीरूल्दौला - ग़मली।'

मिर्ज़ा ठहरे ज़माने भर के उस्ताद, बेगम की ग़लती सुधार दी।

'उं हों...नजमुद्दौला - दबीरुमुलक - निज़ामे जंग...'

'मगर सिर्फ़ ख़िताब ही दिया या...कुछ नक़द भी?'

मिर्ज़ा ने समझाया –

'भई...छः पारचे दिए और तीन रक़्म जवाहर खलात पहनाया...और ख़ानदाने तैमूरिया की तवारिख़ लिखने की ज़िम्मेदारी दी है। कोई तैमूरी अंदाज़ का वज़ीफ़ा भी मिल जाएगा।'

'...और अगर न मिला?'

मिर्ज़ा हँस पड़े –

'तो हम तवारिख़ बदल देंगे।'

उमराव की आँखों में कई सवाल उभर आए।

'वही करेंगे जो 'शाहनामा' लिखते हुए फ़िरदौसी ने महमूद ग़ज़नवी के साथ किया था...अब कोई शायर के मुँह लगेगा...तो यही होगा।'

मिर्ज़ा की यही अदा बेगम को पसंद थी। बचपन में भी यही तेवर थे। हालात से लोहा लेने की।

'वह बाशा (बादशाह) हैं तलवार के – हम क़लम के शहंशाह हैं। उनका मुल्क छिन सकता है। हमारी मिलकियत कोई नहीं छीन सकता।'

उमराव बेगम ने दिल दिल में 'आमीन' कहा।

'मैं ज़रा मिर्ज़ा यूसुफ़ से मिल जाऊँ।'

मिर्ज़ा चल पड़े। उमराव उन्हें निहारती रहीं।

4

मिर्ज़ा यूसुफ़ को पास ही मकान दिलवाया था मिर्ज़ा ने। जहाँ आजकल वे अपने ख़ानदानी नौकर कलयान के साथ अकेले रहते थे। बेगम और बच्चे उन्हें छोड़कर जयपुर चले गए थे। ग़ालिब मकान में दाख़िल हुए, देखा कि युसुफ़ मियाँ के हाथ में पतंग के डोर की चरख़ी थी और डोर एक चूहे की दुम से बाँधी गई थी। चूहा भागता तो यूसुफ़ मियाँ डोर छोड़ते, फिर खींचकर डोर चरख़ी में लपटते और चूहा उनके पास खिंचा चला आता। कलयान बमुश्किल उन्हें दाल-चावल खिला रहे थे। ग़ालिब ने सारा माजरा देखकर कलयान से पूछा –

'कलयान, ये क्या हो रहा है?'

'हूज़ूर, क्या करें? जब तक ये न करें, यूसुफ़ मियाँ खाना नहीं खाते।'

ग़ालिब छोटे भाई के क़रीब गए और पूछा -

'यूसुफ़ मियाँ आपके बीवी-बच्चों को बुला लें जयपुर से?'

यूसुफ़ मियाँ कुछ नहीं बोले। इंकार में सर हिला दिया।

'बच्चे याद आते हैं आपको?'

फिर वहीं इंकार 'न'। मिर्ज़ा ने कलयान से पूछा -

'कैसी तबीयत है इनकी?'

'हकीम साहब रोज़ आकर देख जाते हैं, लेकिन कोई फ़ायदा नज़र नहीं आता है, हुज़ूर।'

यूसुफ़ मियाँ चूहे के पीछे भागते-भागते बाहर चले गए। मिर्ज़ा ने भाई को पुकारा -

'अरे यूसुफ़ मियाँ! कहाँ चले यूसुफ़?'

लेकिन यूसुफ़ अंदर नहीं आए। ग़ालिब ने कलयान को हिदायत दी -

'बाहर मत जाने दिया करो इनको, कलयान। मुझे तो डर ही लगा रहता है। अपने साथ रख लेता, लेकिन आरिफ़ के दोनों बच्चे हुसैन और बाक़ार को बुलवाया है। अब वे मेरे साथ रहेंगे, इसलिए।'

मिर्ज़ा ने जेब में हाथ डालकर कुछ रुपये निकालकर कलयान को दे दिए।

'ये कुछ रुपये रख लो, काम आएंगे।'

उसी वक़्त हाँफते-हाँफते हाली अंदर आए।

'हुज़ूर के यहाँ हाज़िर हुआ था, ख़बर मिली कि आप यहाँ हैं।'

'इस तरह हाँफ क्यूँ रहे हो?'

'एक बुरी ख़बर है, हुज़ूर।'

मिर्ज़ा को फ़िक्र हुई -

'क्या हुआ?'

'उस्ताद ज़ौक़ इंतक़ाले फ़र्मा गए।'

ग़ालिब का चेहरा उतर गया।

'इनाल्लाहे वाइनाल्लाह राजेऊन।'

5

हज़रत ज़ौक़ का जनाज़ा चौक से गुज़रा। ग़ालिब ने भी कांधा दिया – और भी शोरा थे। मुफ़्ता, शेफ़्ता, हकीम मोमिन...मिर्ज़ा ग़ालिब आगे-आगे थे। पसे मंज़र में हज़रत ज़ौक़ मरहूम की एक मशहूर ग़ज़ल गूँज रही थी –

'लायी हयात आए क़ज़ा ले चली चले
अपनी ख़ुशी न आए न अपनी ख़ुशी चले,

बेहतर तो है यही कि न दुनिया से दिल लगे
पर क्या करें जो काम न बेदिल-लगी चले,

दुनिया ने किस का राहे फ़ना में दिया है साथ
तुम भी चले चलो यूँही, जब तक चली चलो।

जाते हावाए शौक़ में हैं इस चमन से ज़ौक़
अपनी बला से बादे सबा अब कभी चले।'

6

ज़िंदगी फिर अपने ढर्रे पर आ गई। फिर आमें का मौसम आया और अबकी बार जो बचे-खुचे दोस्त-यार थे, मिर्ज़ा ने उन्हें भी अपने यहाँ बुलवाया। गली जैसे बंद हो गई।

गली क़ासिम जान में घर के दरवाज़े के बाहर कुछ चारपाइयाँ बिछी थीं। कुछ एक मोड़े थे और नौकर ने एक बाल्टी भर आम सामने रख दिए।

हाजी मीर ने आम छीलते हुए कहा –

'भई, आम मीठे तो हैं।'

नवाब शेफ़्ता ने मुस्कराते हुए कहा -

'बक़ौल मिर्ज़ा...आम में दो ख़ूबियाँ ज़रूरी हैं - मीठे हों और बहुत हों।'

सभी दोस्त आम खा रहे थे। मिर्ज़ा साहब, हाजी मीर, नवाब शेफ़्ता, हरगोपाल तफ़्ता, मोमिन, मुफ़्ती, सदरूद्दीन और नौजवान हाली, लेकिन हकीम रज़ी ने एक भी आम को हाथ न लगाया। वे शर्बत पी रहे थे। ग़ालिब ने पेशकश की -

'अरे भाई हकीम साहब, एक आम तो चख लीजिए।'

'मैं आम नहीं खाता भाई, शुक्रिया। मैं अपने शर्बत में ही खुश हूँ।'

हाजी मीर ने एक और मौजूँ उठाया -

'आपका दीवान तो ख़ूब मकबूल हुआ, मिर्ज़ा साहब। सुना है, दूसरी अशात की तैयारियाँ हो रही हैं लखनऊ में।'

हाली को सुनकर बहुत अच्छा लगा। उसने कहा -

'नवाब वाजिदअली शाह, सुना है, अशर्फ़ियों में तुलवा रहे हैं।'

मिर्ज़ा ग़ालिब को कुछ और सूझा और कहा -

'वे तो अच्छा कर रहे हैं। लेकिन तुलवा के दीवान वे रख लें और अशर्फ़ियाँ मुझे भेज दें।'

सभी हँस पड़े। नवाब शेफ़्ता की नज़र मुफ़्ती सदरूद्दीन पर पड़ी। उन्हें हँसी आ गई। मुफ़्ती साहब की दाढ़ी में आम का रस लगा हुआ था। उन्होंने मज़ाक़ किया -

'मुफ़्ती साहब, आपने मेहँदी ख़ूब लगाई।'

ग़ालिब ने भी यह मंज़र देखा।

'भाई मुफ़्ती साहब, आप पर बुढ़ापा न आया। आपके बाल तो इतने ही सफ़ेद हैं जितने जवानी में थे। आमाल के बावाजूद काले न पड़े।'

मिर्ज़ा ग़ालिब के साथ मुफ़्ती साहब भी हँस पड़े। उन्हें अपना ये हाज़िरजवाब दोस्त बहुत ही पसंद था।

'अच्छा भई मिर्ज़ा, कल जो बादशाह के सामने गुज़ारिश पढ़ी तुमने, वह हमें लिखवा दो।'

हाजी मीर साहब वहाँ मौजूद थे। उनहोंने भी इसरार किया –

'भई वह क्या थी, हम भी सुनें।'

'कुछ नहीं हाजी साहब, क़िले का दस्तूर है मुलाज़िमों की तनख़्वाह साल में दो बार बँटती है। यानी मुझे छः माही मिलगी। अब मैं अपनी रोज़मर्रा की ज़रूरतों का क्या करूँ?...फिर वही महाजन और महाजन का सूद। सो हमने बादशाह से एक गुज़ारिश की।'

मुफ़्ती साहब ने तारीफ़ की –

'भई, वहीं का वहीं फ़िलबदेह कह दिया मिर्ज़ा ने। हमें लिखने तक की मुहलत न दी।'

बाक़ी दोस्तों ने भी इसरार किया। हकीम साहब ने पूछा –

'क्या फ़र्माया आपने, हमें भी सुनाएं?'

मिर्ज़ा ने याद करने की कोशिश की –

'अब सारे शेर तो याद नहीं, कुछ ऐसे थे –

ऐ शहंशाहे आसमाँ औरंग
ऐ जहाजँदारे आफ़ताब आसार,

बारे नौकर भी हो गया सद शुक्र
निस्बतें हो गईं मश्ख़स चार,

क्यूँ न दरकार हो मुझे पोशश
जिस्म रखता हूँ मैं अगरचा नज़ार।'

शायद मिर्ज़ा कुछ भूल रहे थे। मुफ़्ती साहब ने याद दिलाया –

'अरे भई, सुनो, वो तो भूल गए तुम –

रस्म है मुर्दे की छः माही एक
ख़ल्क़ का है इसी चलन पे मदार,

मुझको देखो तो, हूँ बक़ैद हयात
और छः माही हो साल में दो बार।'

अब मिर्ज़ा ग़ालिब की याद हरी हो गई –

कुछ ख़रीदा नहीं है अबके साल
कुछ बनाया नहीं है अबकी बार,

रात को आग और दिन को धूप
भाँड़ में जाएँ ऐसे लैलओ नहार,

बस कि लेता हूँ हर महीने क़र्ज़
और रहती है सूद की तकरार,

मेरी तनख़्वाह में तिहाई का
हो गया है शरीक साहूकार,

आपका बंदा और फिरूँ नंगा
आपका नौकर और खाऊँ उधार

मेरी तनख़्वाह कीजिए माह-ब-माह
ता न हो मुझको ज़िंदगी दुश्वार,

तुम सलामत रहो हज़ार बरस
हर बरस के हों दिन पचास हज़ार।'

वाहवाही हुई, क़हक़हे लगे।
मुफ़्ती ने बात आगे बढ़ाई –

'बादशाह सलामत ने फ़ौरन अर्ज़ी मंजूर कर ली।'

सभी ने मिर्ज़ा की ज़हानत और समझदारी की दाद दी। इसी अस्ना में एक गधेवाला अपने जानवर को हाँकता हुआ वहाँ आन पहुँचा। हाली ने उसे समझाया –

'अरे भाई जान, उधर की गली से निकल जाएं, क्यूँ सबको उठवाना चाहते हैं आप?'

इस बीच गधे ने आम के छिलके को सूँघा और मुँह फेर लिया, हकीम साहब यह देख रहे थे।

'मिर्ज़ा देखा आपने, गधे ने आम का छिलका सूँघकर छोड़ दिया। आम तो गधे भी नहीं खाते।'

मिर्ज़ा ने फ़ौरन जवाब दिया –

'जी हाँ, गधे आम नहीं खाते।'

ठहका लगा और गली गूँज उठी। दूर किसी के सरपट घोड़ा दौड़ाने की आवाज़ आई। सभी ने देखा, एक घुड़सवार उनकी तरफ़ आ रहा था। फिर वह सवार घोड़े से उतरकर मजलिस की तरफ़ बढ़ा।

ग़ालिब ने पहचाना। शम्स था।

'आओ, शम्स भाई।'

आदाब हज़रात! कैसे हो असद भाई?' शम्स असद के बराबर बैठ गया।

'कहो, कैसे आना हुआ?'

'असद भाई, अब तो आप शाही दरबार में पहुँच गए। बादशाह सलामत से कहकर हमारी पेंशन का फ़ैसला करवा दीजिए।'

'वह मामला उनके हाथ में नहीं है, शम्स।'

'उनसे कहो कि रेज़ीडेंट से कहलवाएं। सारा मामला विलियम फ्रेज़र के हाथ में है। वह चाहें तो एक दिन में हमारी पेंशन का फ़ैसला करवा सकता है।'

ग़ालिब ने समझाने की कोशिश की –

'देखो शम्स, तुम्हारे इसरार पर मैं कलकत्ता तक गया। ख़्वाहमख़्वाह ख़्वार

हुआ...मैं वह मामला अब हर्गिज़ नहीं उठाना चाहता। हाँ, मुझसे कोई माली मदद दरकार हो तो मैं तैयार हूँ।'

शम्स को इस जवाब की उम्मीद न थी। उसने मिर्ज़ा से हमेशा मनमानी की थी। वह थोड़ी देर ख़ामोश रहा। फिर एकदम उठ खड़ा हुआ।

'ठीक है, असद भाई, विलियम फ्रेज़र से मैं खुद ही निपटूँगा। खुदा हाफ़िज़।' और शम्स घोड़े पर सवार होकर चला गया।

सोलह

1

रात का वक़्त - लालटेन की रोशनी में मिर्ज़ा कुछ लिख रहे थे। इसमें कई ख़तूत थे, कुछ लिफ़ाफ़ों में बंद। कुछ बस तह किए हुए। कल्लू भी कुछ काग़ज़तहे कर रहा था। ग़ालिब ने ख़त पूरा किया और कल्लू मियाँ का दे दिया। कल्लू ने ख़त हाथ में लिया।

'देखो कल्लू मियाँ! ये ख़त है न, मुंशी जवाहर सिंह जौहर के नाम से, सुबह ही सुपुर्द डाक कर आना और बाक़ी कल शाम लिफ़ाफ़े बना लें तो भेज देंगे।... काग़ज़ मैंने काट लिए हैं। कल दोनों बैठकर गोंद से चिपका देंगे।' ग़ालिब ने दिल ही दिल में ख़त की इबारत दोहराई -

'अज़ीज़म जवाहर सिंह जौहर,

नीशापुर,

मुझे टोपी की हाजत नहीं...लुँगी भेज दो जैसी पेशावर और मुलतान में बनती है। लेकिन ऐसी लुँगी हो कि उसका रंग शोख़ और अंगुश्तनुमा न हो। हाशिये सुर्ख़ न हों अँगरचा बारीक़ और नफ़ीस हो। लेकिन सोने-चाँदी के तार उसमें न बुने हुए हों। रेशम सियाह सब्ज़ और ख़ाकस्तरी और ज़र्द तलाश करें और मुहैया करके डाक से मुझे भेज दें और क़ीमत भी लिखें। अगर क़ीमत नहीं लेने का लुँगी। भेजने में तोक़्फ़ और क़ीमत लिखने में तकलीफ़ न किया जाए।'

2

बर्तानवी फ़ौज की चार सिपाहियों की एक टुकड़ी हथकड़ी लगाए एक मुजरिम को लिए जा रही थी। हाजी मीर दुकान में थे। उन्होंने सारा माजरा

देखा। मुजरिम और कोई नहीं शम्स था। वे शम्स को पहचानते थे। यह ख़बर जल्द अज़ जल्द मिर्ज़ा नौशा तक पहुँच जानी चाहिए। उन्होंने पड़ोस की दुकान में बैठे अयाज़ से कहा –

'अयाज़ भाई, ज़रा दुकान का ख़्याल रखना। मैं बस गया और आया।'

कुछ क़दम चलकर वह फिर रुक गए और अयाज़ को एक और हिदायत दी –

'मिर्ज़ा ग़ालिब आ जाएं तो रुकने के लिए कहियेगा। मैं उन्हीं की तलाश में जा रहा हूँ।'

3

हाजी मीर साहब मिर्ज़ा के घर गली क़ासिम जान पहुँच गए। वफ़ादार कहीं बाहर जा रही थी। उसे पहचानते थे। उससे पूछा –

'बीबी सुनो!'

वफ़ादार उन्हें पहचानकर रुक गई।

'तसलीम अलज़ कलती (अर्ज़ करती) हूँ, हाजी साहब।'

'तसलीम बीबी, मिर्ज़ा हैं घर पर।'

'अजी कहाँ? सुबह-सवेरे निकल जाते हैं तैयाल (तैयार) होके। बाशा सलामत क़िले में जो बुला लेते हैं। सलाह-मशविले (मशविरे) की ज़लूलत पलती (ज़रूरत पड़ती) होगी।'

'अब वहाँ तक हमारी रिसाई नहीं...मगर...दोपहर के खाने पर तो लौटेंगे शायद...'

'हाँ दोपहल (दोपहर) को तो ज़लूल (ज़रूर) लौटेंगे। बाशा सलामत ने उनके लिए बेसनी लोटी (रोटी) जो भिजवाई है। शाही ख़ादिम आए थे देने के लिए।' वफ़ादार जितना तुतलाती थी उतना ही बतियाती थी।

'बहरहाल ख़ुदा हाफ़िज़।'

हाजी फ़िक्रमंद होकर लौट गए।

4

हाजी मीर अपनी दुकान में पहुँचे तो हैरान हो गए, यह देखकर कि दुकानें बंद की जा रही थीं। सारा बाज़ार बंद था। एक अजीब सन्नाटा छाया हुआ था। अयाज़ मियाँ हाजी साहब की राह देख रहे थे।

'क्या हुआ अयाज़ भाई? बाज़ार बंद क्यूँ है?'

अयाज़ बहुत चिढ़े हुए थे –

'मीर साहब, ये फ़िरंगी वबा की तरह फैलते जा रहे हैं। ये ताजिर सौदागर नहीं हैं। शैतान के कारकुन हैं। अंदर-ही-अंदर... लगता है, हिंदुस्तान को घुन लग गया है। दीमक की तरह फैलते जा रहे हैं। सूरज को ग्रहण लगते कभी देखा है आपने? बिलकुल वही हो रहा है हिंदुस्तान के साथ।'

अयाज़ अपने आस-पास देख रहे थे। कुछ दूर पर दो-चार आदमी बातें करते हुए जमा थे।

'हुआ क्या, अयाज़ मियाँ?'

'अजी साहब, कोई बात हुई। जब जिसको चाहा पकड़ लिया। जिसको चाहा गिरफ़्तार कर लिया... ये लोग आख़िर होते कौन हैं?'

हाजी साहब ने कुछ देर पहले शम्स को देखा था, लेकिन उसकी गिरफ़्तारी का बाज़ार बंद होने से क्या ताल्लुक़? उन्होंने अयाज़ से फिर पूछा –

'किसे गिरफ़्तार किाय अंग्रेज़ों ने?'

अयाज़ मियाँ का गला भर गया। गुस्से के मारे उनका जी जल रहा था।

'हमारे नवाब वाजिद अली शाह को गिरफ़्तार करके कलकत्ता ले गए। वहाँ मटिया बुर्ज में बंद कर दिया। ये साले हराम के तुख़्म होते कौन हैं, उन्हें...?

'गिरफ़्तार किसने किया?'

'अंग्रेज़ों ने।'

'कैसे गिरफ़्तार किया? मतलब सिपाही कौन थे?'

'सिपाही-हिंदुस्तानी और कौन?'

हाजी मीर जो पूछना चाहते थे उसका जवाब अयाज़ न दे सके। मीर साहब जानना चाहते थे कि कब जंग छिड़ी? कब नवाब की फ़ौज हार गई? और कब हारे हुए नवाब को पकड़ा गया? अगर वहाँ जंग छिड़ी तो चिंगारी कहीं और भी सुलगेगी। लेकिन न कोई जंग, न कोई एलान हुआ। न जंग छिड़ी - नवाब की फ़ौज ने कैसे बिना एक भी गोली दाग़े अपने नवाब को गिरफ़्तार होने दिया। चिंगारी थी तो अयाज़ मियाँ के दिल में और वह सुलग रही थी लगातार...

अयाज़ मियाँ ने एक बड़ा-सा पत्थर उठाकर अपनी ही दुकान पर दे मारा। शीशा चूर-चूर होकर सड़क पर फैल गया।

5

ख़बर आई कि दिल्ली के रेज़ीडेंट विलियम फ्रेज़र का ख़ून हो गया। नानबाई की दुकान पर मिर्ज़ा बैठे थे। कुछ और लोग भी जमा हो गए।

'सुना है, किसी पठान ने मारा है उसे।'

ग़ालिब ने सर हिलाकर कह दिया -

'मैं जानता हूँ विलियम फ्रेज़र को किसने मारा होगा। ज़रूर वही होगा।'

'कौन है, मिर्ज़ा साहब?'

ग़ालिब सर धुन रहे।

'है एक...एक नवाब है...लुटा हुआ, पिटा हुआ नवाब।'

इसपर कोई चर्चा न हुई, क्योंकि इस बीच सूरदास भजन गाता हुआ गली से गुज़र रहा था।

बिसर गए सब तात परायी
जब से साधु संत हुए पायी,

ना कोई बेरी ना ही बेगाना
सकल संग हमाको बन पयी,

बिसर गई सब तात परायी
रहना नहीं देस बिराना है...।

सूरदार के कश्कूल (कमंडलु) में लोग सिक्के डाल कर गुज़र जाते थे। सूरदास अपने ही रंग में रँगा, गली क़ासिम जान की तरफ़ मुड़ गया।

6

मिर्ज़ा ग़ालिब गली क़ासिम जान में दाख़िल हुए। एक लड़का हाँपता हुआ अनके पास आकर रुक गया।

'सलाम अलयकुम, मिर्ज़ा साहब।'

मिर्ज़ा ने सलाम का जवाब दिया और खड़े हो गए। लड़के ने राज़दाराना अंदाज़ में उनको ये ख़बर दी -

'ख़बर मिली है...ख़बर मिली है...आपको देने के लिए कहा है हाजी साहब ने...हाजी मीर ने बताया, नवाब शम्सुद्दीन को आज सुबह मुँह अँधेरे, कश्मीरी दरवाज़े के बाहर...फाँसी दी गई।'

'इनाल्लाहे वाइनाल्लाह राजेऊन।'

'आप घर जाएं...सारे शहर में दंगा मच गया है और गोली चल रही है। ख़ुदा हाफ़िज़।'

लड़का अपनी बात कहकर, चारों तरफ़ नज़र दौड़ाकर एक गली की तरफ़ भाग गया। मिर्ज़ा घर की तरफ़ मुड़ने ही वाले थे कि एक भयानक धमाका हुआ। कहीं नज़दीक ही तोप दाग़ी गई थी।

7

दिल्ली, 1857

कुछ लोगों ने उसे ग़दर कहा। कुछ लोगों ने कहा - जंगे आज़ादी...एक बग़ावत का एलान था। ग़ालिब ने दर्ज किया।

'11 मई – पीर का दिन था –

हर तरफ़ सवारों के दौड़ने और प्यादों के पहुँचने का शोर मच गया। अंग्रेज़ों के क़त्ल के बाद बाग़ियों ने शहर में जा बजा डेरे डाल दिए।

क़िले में बाग़ो शाही को अपने घोड़ों का अस्तबल बना लया। बादशाह न इतने बड़े लश्करे को क़ाबू में रख सकता था, न उसका इंतज़ाम कर सकता था। लिहज़ा वह खुद लश्कर के क़ाबू में आ गया। रात-दिन पत्थरों की तरह गोले बरसने लगे। फिर एक बड़ी तोप के दाग़े जाने की आवाज़ आई।'

8

ग़दर के दौरान ग़ालिब घर से बाहर न जा पाए, उन्हें मना किया गया था। दिन भर अपने पढ़ने-लिखने के कमरे में पड़े रहते। रात का वक़्त था ओर मिर्ज़ा अपना रोज़नामचा लिख रहे थे।

'अंग्रेज़ों का लश्कर शहर में दाखि़ल हुआ तो लोग बिला इमतेयाज़ क़त्ल होने लगे। शहर में जो बाक़ी रह गए थे, उन्होंने मुक़ाबला किया। तीन रोज़ तक कश्मीरी दरवाज़े से लेकर चाँदनी चौक तक का इलाका मैदाने जंग बना रहा। शहर के तमाम मकान और दुकानें बंद हो गई थीं। सामने ख़ूर्दओ-नोश ख़त्म हो गया। मीना बरसा तो चादर तानकर लोगों ने पानी जमा किया। चार माह चार दिन के बाद अंग्रेज़ दुबारा दिल्ली पर क़बिज़ होने लगे। उनके लश्कर रात भर शहर में गश्त करते।'

फ़ौजी बूटों की आवाज़ें दिन-रात सुनाई देतीं। कहीं-न-कहीं तो छूटने का धमाका कानों में पड़ जाता। एक रात मिर्ज़ा के दरवाज़े पर दस्तक हुई। मिर्ज़ा ने दस्तक सुनी और आवाज़ दी –

'कौन है, कल्लू?'

नीचे से कल्लू मियाँ ने जवाब दिया –

'पता नहीं हुजूर, मैं अभी देखता हूँ।'

कल्लू मियाँ लालटेन लेकर आँगन में आ गए।

ग़ालिब ने ऊपर से ही कहा –

'ठहरो-ठहरो, मैं भी आता हूँ।'

ग़ालिब धीरे-धीरे आँगन में आए। छड़ी खटखटाते हुआ और कल्लू के साथ दरवाज़े की तरफ़ बढ़े। आँगन में एक सुतूने के पास उमराव बेगम आ खड़ी हुईं। फिर दस्तक हुई। कल्लू मियाँ ने दरवाज़ा खोलना चाहा, मिर्ज़ा ने रोक दिया, और फिर ख़ुद खोला। सामने देखा, कलयान था - मिर्ज़ा यूसुफ़ का नौकर और एक सिख सिपाही। ग़ालिब का माथा ठनका, उन्होंने कलयान से पूछा -

'कलयान? क्या हुआ...इतनी रात गए...और कौन हैं?'

'महाराजा पटियाला के सिपाही हैं।'

'राजा नरेंदर सिंह के?'

'जी! हम एक बुरी ख़बर लाए हैं, ग़ालिब साहब।'

मिर्ज़ा उसका मुँह ताकने लगे। सिपाही ने कुछ आगे आकर इतला दी।

'यूसुफ़ साहब पूरे हो गए।'

ग़ालिब को अपने कानों पर यक़ीन न हुआ।

'पूरे हो गए...मर गए?'

सिपाही ने नज़रें नीचे झुका लीं। अंदर आँगन में खड़ी उमराव बेगम ने भी सुना।

कलयान ने पूरी तफ़सील दी -

'हम सो रहे थे। पता नहीं यूसुफ़ मिर्ज़ा कब उठे और दरवाज़ा खोलकर बाहर चले गए। कुछ गोरे सिपाही बाहर गश्त पर थे। एक की गोली से हलाक हो गए।'

सिपाही ने अपनी तफ़सील अलग से दी -

'हमें महाराजा साहब ने हकीम शरीफ़ ख़ान महमूद ख़ान की हिफ़ाज़त के लिए रखा हुआ था। हकीम साहब ने हमसे कहा, आपको ख़बर करें।'

ग़ालिब ने पीछे मुड़कर देखा। उमराव वहीं अपनी जगह खड़ी थीं। ग़ालिब आँगन में आए। रस्सियों पर कपड़े सूख रहे थे। उनहोंने वहीं से सफ़ेद चादर खींच ली और कंधे पर डाली। बेगम जाने कब उनके पास आ पहुँची थीं। ग़ालिब दरवाज़े तक आए, कल्लू मियाँ से कहा -

'कल्लू मियाँ, रोशनी दो, चलकर मिट्टी देंगे।'

सिपाही ने रोका -

'मिर्ज़ा साहब, आप गली से बाहर नहीं जा सकते...हुक्म है।'

ग़ालिब चिढ़ गए -

'जाऊगाँ नहीं तो...मेरे भाई का कफ़न-दफ़न कैसे होगा?'

सिपाही ने समझाया -

'हुज़ूर, बाहर बहुत ज़्यादा तनाव है। बड़ी मुश्किल से इनको मेरे साथ भेजा है। आप न जाएं तो अच्छा है।'

मिर्ज़ा ख़ामोश रहे। हुक्म मानना पड़ा कलयान और सिपाही जाने को हुए तो मिर्ज़ा ने रोका -

'ठहरो!...एक पल ठहर जाओ।'

और कंधे पर रखी सफ़ेद चादर सिपाही और कलयान को सौंप दी। मिर्ज़ा मजबूर थे अपने सगे भाई की मय्यत पर नहीं जा सके। उमराव बेगम पास खड़ी थी, दोनों ख़ामोश थे। मिर्ज़ा वहीं दहलीज़ पर बैठ गए। आँखें झुकाए अपनी पेशानी पर लिख रहे थे -

'जुलम्तकद में मेरे, शबे ग़म का जोश है
इक शमा है दलीले सहर, सो ख़ामोश है,

ने मसदह विसाल, ना नज़ाराये जमाल
मुद्दत हुई कि अशितए चश्मओं गोश है,

दाग़े फ़िराक़े सोहबते शब की जली हुई
इक शमा रह गयी है, सो वो भी ख़ामोश है,

आते हैं ग़ैब से ये मज़ामी ख़्याल में
ग़ालिब सरीरे ख़ामा, नवाये सरोश है।'

मिर्ज़ा ग़ालिब वापस आँगन में आ गए और लौट गए। अपने एक ख़त में उन्होंने भाई की मौत का ज़िक्र किया -

'पानी - कफ़न - ग़ुसाल - गोरकन - ईंट - चूना - गारा...मय्यत को कहाँ ले जाऊँ। किस क़ब्रस्तान में सुपुर्द ख़ाक करूँ? पड़ोसियों ने मेरी तन्हाई पे रहम किया।...और उस काम को अंजाम दिया। दो-तीन सफ़ेद चादरें घर से लीं, मेरे दोनों मुलाज़िम, महाराज़ा पटियाला का एक सिपाही...और गली के सिरे पर तेवर ख़ान की मस्जिद के सहन में गड्ढा खोदा, और मय्यत को उसमें उतारकर मट्टी पाट कर दी।

इंनल्लाह...'

आँगन से कल्लू मियाँ की लालटेन उठाकर मिर्ज़ा सीढ़ियाँ चढ़ गए।

सत्रह

1

गली क़ासिम जान में फिर फ़जर की अजान सुनाई दी। टाट के परदे के पीछे वैसे ही दो पैर नमुदार हुए। मिर्ज़ा ग़ालिब उमरसीदा[1] थे। अपनी फटी हुई जूती चटख़ाते मिर्ज़ा नुक्कड़ की मस्जिद की तरफ़ बढ़े। उस तरफ़ परदे के पीछे से उमराव ने आवाज़ दी -

'ऐ सुनो...'

फिर उसी तरह ग़ालिब पीछे मुड़े और बीवी से मुख़ातिब हुए -

'तुम ज़रूर पीछे से आवाज़ दे लेती हो। दिन-रात बस मुझपर नज़र लगाये रखती हो।'

परदा हटाकर बेगम बाहर आ गईं।

'ऐ हाए - कहीं नज़र न लग जाए तुम्हें, बड़े मियाँ।'

'तो क्या मैं भाग जाऊँगा कहीं?'

'ऐ, तब न भागे जब भागने वालियाँ सुर्मा, मिस्सी लगाकर मंडराया करती थीं।'

'तो फिर सुबह-सुबह क्यूँ उठ जाती हो?'

'मैं उठती हूँ अपने अल्लाह के लिए...जो आवाज़ दे रहा है। तुम्हीं हो जो सुनी-अनसुनी किए जाते हो, रोज़ जाते हो मस्जिद तक और उलटे पाँव लौट आते हो।'

'वह वापस भेज देता है तो आता हूँ। बुला लेता तो वहीं के वहीं चला जाता उसके पास।'

उमराव को बस मिर्ज़ा की यही बात अच्छी नहीं लगती, जब देखो तब जाने की बात करने लगते हैं।

---

1. बड़े-बूढ़े के समान हुए।

'अब जल्दी लौट आना – शाहर में वबा फैली है। सर से ग़दर हटा नहीं कि वबा ने आ पकड़ा शहर को। जाने क्या लिखा है दिल्ली की क़िस्मत में?'

'काहे की वबा? कैसी वबा? मैं इक्थर बरस का बूढ़ा, तुम चौंसठ की बुढ़िया–हममें से एक भी मरता तो जानते के वबा आई।'

बड़बड़ाते हुए मिर्ज़ा छड़ी खटखटाते गली में चल पड़े और कहते गए –

'रहिए अब ऐसी जगह चल कर जहाँ कोई न हो
हमसुख़न कोई न हो, और हम जुबाँ कोई न हो।'

मिर्ज़ा ने मुड़कर घर की तरफ़ नज़र डाली – देखा कि वे अब वहाँ नहीं हैं।

पड़िये गर बीमार तो कोई न हो तीमारदार
और अगर मर जाइये तो नौहाख़्वाँ कोई न हो।

2

ग़ालिब चलते हुए क़ब्रिस्तान में निकल आए। एक क़ब्र पर फ़ातेहा पढ़ा और वापस लौट ही रहे थे कि वहीं क़ब्रस्तान में किसी ने आवाज़ दी –

'मिर्ज़ा नौशा!'

ग़ालिब रुक गए, यह आवाज़ काले मियाँ की थी। मुड़कर देखा, पूरा भेस ही यह फ़क़ीराना था। पास आकर उन्होंने मिर्ज़ा को दुआ दी। पहले की तरह उनके हाथ में तस्बीह थी।

मिर्ज़ा ने पूछा –

'यहाँ कहाँ काले मियाँ?'

'बस यहीं ख़ारजी दरवाज़े पर आ बैठता हूँ। हर बाहर जानेवाले का चेहरा देख लेता हूँ।'

दोनों दरवाज़े की तरफ़ चल दिए।

'तुम यहाँ कैसे?'

'शम्स का फ़तेहा क़र्ज़ था मुझपर - सो अदा कर आया। बड़ा अफ़सोस हुआ, तुम्हारी हवेली भी लूटी गई ग़दर में।'

काले मियाँ मुस्कराते हुए बोले -

'और उसमें तुम्हारी बेगम के ज़ेवरात भी लुट गए। जब दंगा शुरू हुआ शहर में तो मेरे पास छुपा गई थीं। यह सोचकर कि सूफ़ियों के ठिकने को कोई न छुएगा।'

ग़ालिब हँस पड़े -

'बताया नहीं बुढ़िया ने, छुपा गई हमसे।'

'बाक़ी यार बाशा की क्या ख़बर है?'

'भाइ तफ़्ता तो मेरठ जा बसे। पहले भी वहाँ एक घर था उनका। मुफ़्ती सदरूद्दीन लाहौर चले गए। नवाब शेफ़्ता की आधी जायदाद अंग्रेज़ों ने ज़ब्त कर ली। हकीम रज़ीउद्दीन भी, उस रोज़ हमसे चहल करते थे, लो गधे भी आम नहीं खाते। एक ख़ाकी की गोली का शिकार हो गए। तला यार ख़ान के दोनों जवान बेटों को फाँसी हुई। मुंशी हीरा सिंह दर्द - पंडित शोजी राम और बाल मुकुंद ने जान पर खेलकर मदद की ग़दर के दिनों में, वरना दिल्ली के मुसलमानों पर जो गुज़री है, अल्लाह ही जानता है।'

'अब बिछड़े यार कहीं क़यामत को जमा होंगे।'

'वहाँ क्या ख़ाक होंगे...सुन्नी अलग, शिया अलग, नेक जुदा - बद जुदा।' ग़ालिब ने अहवाल सुनाया।

'चंद गोरे एक रोज़ कूचा बंदी की दीवार फाँदकर आ घुसे मुहल्ले में...

पटियाला के सिपाहियों ने बहुत कोशिश की रोकने की, लेकिन वे लोग सीधे मेरे घर में आ धमके। किसी ने ख़बर कर दी थी कि मैंने बाग़ियों को

1,2. अपने जैसा कला प्रेमी, मित्र

3. मरने के बाद विलप करने वाला

4. बाहर

घर में पनाह दे रखी है।'

'फिर...।'

'बस मुझे और मेरे हमसायों में से चंद आदमियों का पैदल चलाकर ले गए।' काले मियाँ ने सर हिलाकर हामी भरी।

'तफ़्तीश हो रही थी कि शहर में कौन-कौन से मुहल्ले में मुसलमान मुक़ीम हैं। हम सबको क़िले के उसी अहाते में ले गए, जहाँ कभी अपने बाशा से मिला करते थे...और करनल बराऊन थे। जब मेरी बारी आई तो मुझसे एक ही सवाल पूछा।

लालक़िले के अहाते में काफ़ी लोगों को गिरफ़्तार करके लाया गया था। उन्हें एक अंग्रेज़ करनल बराऊन के सामने लाया जा रहा था। ग़ालिब से बराऊन ने एक ही सवाल पूछा -

'वेल टुम मुसलमान?'

'जनाब आधा हूँ।'

करनल बराऊन हैरान हुआ -

'आधा?...आधा मुसलमान...क्या मटलब?'

'क़िबला शराब पीता हूँ। सूअर नहीं खाता। इसलिए आधा कहा।'

कर्नल हँस पड़ा -

'गुड गुड...ही कांट बी बगी...(ये बाग़ी नहीं हो सकता।)'

क़ब्रस्तान में ये लतीफ़ा सुनकर काले मियाँ हँस पड़े।

'बस उसी लतीफ़े ने सहूलियत कर दी।'

कुछ क़दम चलकर मिर्ज़ा ने कहा -

'मगर ज़फ़र बहुत याद आया उस रोज़...बड़ा यार बादशाह था।

काले मियाँ अचानक संजीदा हो गए। उन्होंने मिर्ज़ा को रोका और कहा -

'पता नहीं मिर्ज़ा...तुम्हें ख़बर मिली कि नहीं...।'

'क्या...?'

'7 नवंबर, जुमा के रोज़ - ज़फ़र बाशा इस जहाने फ़ानी से कूच कर गए। उन्हें वहीं रंगून में दफ़ना दिया गया।'

'इनाल्लाहे वाइनाल्लाहे राजेऊन।'

और नकी आँखों में आँसू भर आए। काले मियाँ ने याद किया।

या मुझे अफ़सरे शाहाना बनाया होता
या मेरा ताज गदायाना बनाया होता।

3

चौक पर काले मियाँ की आवाज़ जरस[1] की तरह गूँज रही थी। काले मियाँ की आवाज़ ने तिलिस्म पैदा कर दिया। रात के सन्नाटे में लोग चौक में जगह-जगह खड़े सुन रहे थे। बरामदों, खिड़कियों और छतों से। ये बहादुरशाह की गूँजती हुई आवाज़ थी, जिसने दिल्ली की रूह को झँझोड़कर रख दिया।

गली क़ासिम जान में अपने घर की छत से मिर्ज़ा ग़ालिब ने भी दिल्ली की रूह की छटपटाहट महसूस की। जैसे किसी इनक़लाब के गले में उँगली दबाकर, आवाज़ घोंट दी हो।

यह हिंदुस्तान के आख़िरी मुग़ल की आवाज़ थी -

'या मुझे अफ़सरे शाहाना बनाया होता
या मेरा ताज गदाना बनाया होता,

अपना दिवाना बनाया मुझे होता तूने
क्यूँ ख़िर्दमंद[2] बनाया ना बनाया होता,

ख़ाकसारी के लिए गरचा बनाया था मुझे
काश ख़ाके दरे जानाँ ना बनाया होता।'

---

1. बनाई, ओढ़ी हुई,

2. स्मरणशक्ति/याददाश्त

नंशा ईश्क़ का गर ज़रफ़ दिया था मुझको
उम्र का तंग न पैमाना बनाया होता

रोज़ मामुरा दुनिया मैं खराबी है ज़फ़र
ऐसी बसती को तो विराना बनाया होता

4

ग़दर और उसके बाद के वाक़ियाद ने दिल्ली की गली-कूचों पर अपने निशान छोड़ दिए थे। मिर्ज़ा ने आस-पास की बरबादी देखी। चौक के बाज़ार में पहली बार जब मिर्ज़ा पहुँचे तो हाजी मीर की जली हुई दुकान देखी। दो तरखान लकड़ी के शहतीरों पर काम कर रहे थे। हाजी मीर ने मिर्ज़ा को आते देखा तो उनकी तरफ़ आ गए –

'सलाम अलयकुम!'

'वलयकुम सलाम!'

दोनों दोस्त गले लगे। हाजी मीर ने एक बूढ़ा दोस्त के लिए खींच लिया।

'बालाख़िर फिर से दुकान बसाने का इरादा कर ही लिया।'

हाजी मीर ने इंकार में सर हिलाया।

'तरखान लगाए हैं। जली-भुनी सूरत इस दुकान की अब अच्दी नहीं लगती।'

'कितने का माल जल गया?'

'कुछ न पूछो...कोई अंदाज़ा नहीं है।...क़िताबों का हिसाब तो कर लूँ, लेकिन उस कलाम का हिसाब कहाँ से लाऊँ, जो क़िताबों तक भी न पहुँचा और जल गया। तुम्हारा कितना कलाम जला, इसका कुछ अंदाज़ा है?'

ग़ालिब मुस्कारा दिए –

'ग़लतकारियाँ जल गईं जवानी की...'

पास ही अयाज़ की जली हुई दुकान थी। मिर्ज़ा के मुँह से आह

निकली –

'ये अयाज़ की दुकान है ना?'

'थी...'

'नज़र नहीं आते...'

'सुना है, हज पर निकल गए। बड़ा दर्द था वतन का उसमें।'

'हूँ...'

और हाजी याद में खो गए।

'क्या बताऊँ मिर्ज़ा...हिंदुस्तान कहते-कहते उसकी आँखें भर आया करती थीं।'

एक वक़्फ़ा ख़ामोशी का। फिर मिर्ज़ा ने बात बदलने के लिए पूछा –

'मीर साहब, वह क़हवा अब भी मिलता है पलटी दरवाज़े को?'

मीर साहब हरकत में आ गए,

'मिलेगा...ऐ मियाँ लम्डे, ज़रा जाईयो हनीफ़ से कह दो, यहाँ दो क़हवा भिजवा दे।'

ग़ालिब फिर कहीं खो गए।

'तबीयत कैसी है आपकी?'

ग़ालिब लौट आए। एक उम्र के बाद अपनी असली और मसनई बीमारियों का तज़्क्रा भी एक दिलचस्प शुग़ल है और मिर्ज़ा इससे अछूते न थे।

'नातवानी ज़ोरों पर है – बुढ़ापे ने निकम्मा कर दिया – ज़फ़, सुस्ती, काहिली, गिराँ जानी – न रकाब में पाँव है – न बाग पर हाथ है – बड़ा सफ़र दरपेश है।'

'बहुत अज़ीज़ओ अक़राब खोए इस ग़दर में।' ग़ालिब का बयान जारी रहा।

'इन तीन बरस में हर रोज़ मुर्गे नो का मज़ा चखता रहा। हैरान हूँ कि कोई सूरत ज़ीस्त की नहीं। फिर क्यूँ जीता हूँ – हवास खो बैठा – हाफ़ीजे को रो बैठा – अगर उठता हूँ तो इतनी देर में जितनी देर में एक क़दे आदम दीवार उठे।'

इस बीच क़हवा आ गया।

'आगे नतवाँ था। अब नीम जान हूँ - इक्थर बरस जिया। अब ज़िंदगी बरसों की नहीं, महीनों और दिनों की है।'

दोनों दोस्त क़हवा पीते रहे। इस दौरान एक आलाप सुनाई दी। आवाज़ ऊपर से आ रही थी। बाद में सारंगी भी उस आलाप में शामिल हो गई। दोनों ऊपरवाले कोठे की तरफ़ देखने लगे। ग़ालिब ने शेर पढ़ा -

'सद जलवह रूबरू है जो मसगां उठाये
ताकत कहाँ कि दीद का अहसास उठाये।'

सामने से ताँगा गुज़रा। उसपर नगाड़े थे और मनादी वाला नगाड़ा बजा रहा था। चौक में मनादी वाले ने सरकार की तरफ़ से मनादी सुना दी -

'हर ख़ासओ आम को इतला दी जाती है कि बहुक्म गोर्नर जनरल लॉर्ड जनरल एलन बरा, लॉर्ड किंग...पहली तारीख़ की रात को, तमाम ख़ेर ख़्वाहन अंग्रेज़, अपने-अपने घरों के बाहर रोशनियाँ करें। दुकानों, बाज़ारों और साहब कमिश्नर बहादुर की कोठी पर भी चिराग़ा होगा।'

मनादी के बाद ताँगा आगे निकल पड़ा। इस बीच चौक में लोग इकट्ठे होने लगे और दिल की भड़ास लबों तक आ गई।

'आख़िर दिल्ली में कुछ अमनओ के अमान के आसार तो पैदा हुए।'

'मुर्दों की बस्ती में चिराग़ जलाने से अमन होता है क्या?'

'ऐसी हिमाक़त न करें, मियाँ। रात को गोरे गश्त करेंगे और अगर तुम्हारे घर के बाहर चिराग़ न हुआ तो पकड़े जाओगे।'

'हम तो चिराग़ जलाएंगे क़ब्रस्तान में, जहाँ हमारे यार दफ़न हुए हैं।' इतना कहकर दूसरा शहरी गुस्से की हालत में चला गया।

5

सभी मकानों में - दरवाज़ों पर चिराग़ान हुआ। दो-दो और चार-चार की टुकड़ियों में गोरे घुड़सवार रात को गश्त लगाते रहे। आस-पास चिराग़ जल

रहे थे। वे गली क़ासिम जान में भी दाखिल हुए। गली क़ासिम जान में मिर्ज़ा ग़ालिब के घर भी दीये जलाए गए थे।

6

सवेरे नानबाई की दुकान पर कई कुक़ामी लोग जमा थे। नानबाई का लड़का अँगीठी और तंदूर जला रहा था। नानबाई दातुन कर रहा था और रात के चिराग़ाँ की बात चल पड़ी। एक शख़्स ने कहा –

'अरे मियाँ! सर में अभी तक घोड़ों की टापें बज रही हैं। सारी रात गश्त लगा रहे थे गोरे।'

'कोई पकड़ा भी गया क्या? यूँ तो सारा शहर चिराग़ाँ था।' नानबाई ने पूछा।

हाँ, बहुतों को तो घर से ही पकड़कर ले गए रात को।' दूसरे शख़्स ने बताया।

'अच्छा...'

'और क्या? एक ने कमाल कर दिया। अपने घर ही को आग लगा दी और सड़क पर खड़ा होके चिल्लाने लगा – देख लो गोरो! मेरा घर चिराग़ाँ हो रहा है।'

नानबाई हँसने लगा।

'अच्छा कौन था वह?'

'कोई राजपूत था, कहते हैं।'

उसे तो कुछ न कहा होगा।'

'धर के ले गए उसी वक़्त। यही तो चाल है फ़िरंगियों की। एक ही झटके में पता लगा लिया, कौन साथ में है, कौन नहीं है।'

अब अँगीठी सुलगने लगी थी। नानबाई ने फिर पूछा –

'जिनको पकड़ा है, क्या करेंगे उनका?'

'कुछ को सुना है, रात फाँसी पर लटका दिया महरौली में। दरख़्तों पर लाशें लटकी हुई हैं। बया के घोंसलों की तरह।'

7

मिर्ज़ा से रहा नहीं गया। वहीं पहुँच गए। महरौली में पेड़ों से लटकी हुई लाशें झूल रही थीं। कुछ जगह चिताएं जल रही थीं और चारों तरफ़ धुआँ–ही–धुआँ था। कुछ लोग मरे हुए लोगों में अपने–अपने रिश्तेदारों को ढूँढ़ रहे थे। उनमें एक हाजी मीर भी थे। ज़ौक़ के चौक के पावाले एक लड़के की लाश भी उनमें थी। अब उस धुएँ में ग़ालिब भी मौजूद थे। थोड़ी दूर पर हाफ़िज़ ने मिर्ज़ा का लिम्स पहचान लिया –

'मिर्ज़ा नौशा, आप यहाँ क्या कर रहे हैं?'

ग़ालिब ने जवाब में शेर कहा –

'बनाकर फ़क़ीरों का हम भेस ग़ालिब
तमाशाये अहले करम देखते हैं।'

'सब ख़ैरियत तो है? आपका हाल क्या है?'

'हमारा हाल अब हमसे क्या पूछते हो, हाफ़िज़ मियाँ। कुछ रोज़ बाद हमारे हमसायों से पूछना।'

ग़ालिब अब यहाँ से चल पड़े, बड़बड़ाते हुए –

'अब थक गया ज़िंदगी से – इन दिनों इतने जनाज़े उठाये हैं कि लगता है, जब मैं मरूँगा, मुझे उठाने वाला कोई न होगा।'

ग़ालिब दूर जाने लगे। धुएं और रौशनी की पेड़ों से छनकर आती शुआएं उन्हें छू–छूकर ज़मीन पर गिर रही थीं।

इसके ठीक दो साल बाद 15 फ़रवरी, 1899 के रोज़ मिर्ज़ा ग़ालिब इंतक़ाल फ़र्मा गए। उन्हें चौंसठ खम्बा के नज़दीक ख़ानदान लोहारू के क़ब्रस्तान में दफ़ना दिया गया।

ग़ालिब अभी चलते हुए दिखाई दे रहे थे और पसेमंज़र में उनकी आवाज़ गूँज रही थी –

'ना था कुछ तो खुदा था, कुछ ना होता तो खुदा होता
डूबोया मुझ को होने ने, ना होता मैं तो क्या होता,

हुआ जब ग़म से यूँ बेहिस तो ग़म क्या सर के कटने का
ना होता गर जुदा तन से तो ज़ानों पर धरा होता।'

गालिब का चलना जारी रहा। उनके क़दमों की आहट अभी तक सुनाई देती है –

'हुई मुद्दत कि ग़ालिब मर गया, पर याद आता है
वो हर इक बात कहना कि यूँ होता तो क्या होता!'

www.ingramcontent.com/pod-product-compliance
Lightning Source LLC
Chambersburg PA
CBHW031310150426
43191CB00005B/166
9788129114112